ヒューマン　メッセージ

私の見る 創価学会

Human Message

聖教新聞社九州支社・編

第三文明社

Human Message

先駆の誉れ高き天地

池田名誉会長・撮影

志摩半島を望む青い空と緑のコントラストが福岡の未来性を奏《かな》でる
(1987.10)

明日の栄光を約束する荘厳《そうごん》な夕日が大村湾を紅《くれない》に染める (1982.5)

古《いにしえ》の戦《たたか》い人の名残《なごり》を伝える岡城址の石垣に崩《くず》れざる
人材城の構築を誓う (1981.12)

霧島の山中から流れ出ずる渓流《けいりゅう》は豊かな自然をはぐくみ、
大地を潤《うるお》す　(1983.7)

Human

ヒューマン　メッセージ

私の見る 創価学会

Message

聖教新聞社九州支社・編

まえがき

九州各界を代表する方々が、創価学会への率直な印象を『聖教新聞』九州版につづった「私の見る創価学会　ヒューマンメッセージ」は、平成15年7月から、平成22年10月まで連載され、大きな反響を広げてきました。

このたび、読者の皆さまからの要望もあり、連載に登場された方々の快諾を得て、単行本として発刊する運びとなりました。

混迷する政治、長引く不況、人心の荒廃、自然の猛威……庶民を取り巻く環境がいっそう厳しさを増しているなか、池田名誉会長のリーダーシップのもと、日蓮仏法の人間主義を基調にした平和・文化・教育運動、そして、地域貢献の活動を幅広く展開する創価学会。

本書には、そうした学会の世界に直接触れ、見て感じた感想が語られております。ここには〝学会の実像〟が端的に浮き彫りにされていると言えましょう。

今回の出版にあたり、ご協力いただいた関係者の方々に、心より御礼申し上げます。

平成23年5月3日

聖教新聞社九州支社編集部

＊編集にあたり85名の登場者を各県別に分け、新聞掲載時順に収録させていただきました。

＊掲載者の肩書や内容は原則として新聞掲載時のものです。

私の見る　創価学会　ヒューマン　メッセージ——目次

まえがき……3

福岡 FUKUOKA

細川邦典（九州工業大学名誉教授・前学長）……14
花元克巳（全国農業協同組合中央会副会長）……16
舁地三郎（しいのみ学園園長・福岡教育大学名誉教授）……18
八尋光秀（弁護士）……20
野口忠行（洋画家）……22
趙　国良（胡弓演奏家）……24
矢野忠義（油症医療恒久救済対策協議会会長）……26
H・A・ムガール（イスラム文化研究会主宰）……28
入江幸子（福岡県性教育研究会会長・童話作家）……30
山口尚之（福岡県書店商業組合理事長）……32
胡　嘉明（貴州大学外国語学院日本語学部長）……34

深町純亮（飯塚市歴史資料館元館長）……36
竹内良夫（九州国際大学前学長）……38
姜　又順（在日本大韓民国民団婦人会　福岡県地方本部会長）……40
鶴　健市（ＮＰＯ法人　社会教育団体ベルポ会会長）……42
春口徳雄（医学博士・臨床心理士）……44
寺坂カタヱ（北九州ＥＳＤ協議会代表）……46
李　憲章（福岡華僑総会会長）……48
朴　興謨（在日本大韓民国民団　福岡県地方本部地方団長）……50
藤川正幸（教育ビジネス学園理事長）……52
土井智子（北九州市女性団体連絡会議会長）……54
林田俊一（税理士）……56
椎窓　猛（自分史図書館館長・作家）……58

佐賀 SAGA

井本　勇（佐賀県日中友好協会会長）……62

貞森比呂志（佐賀ユーモア協会会長・前佐賀市文化会館館長）……64
松尾幹夫（学校法人「松尾学園」理事長）……66
山崎佐智子（佐賀地区食生活改善推進協議会会長）……68
稲田繁生（佐賀県立女性センター・生涯学習センター「アバンセ」顧問）……70
藤崎伸太（医療法人　修腎会　藤崎病院理事長）……72
石川慶蔵（佐賀ダンボール商会副社長）……74
吉野徳親（佐賀市国際交流協会会長）……76
高尾玲子（鳥栖市消費者グループ「エコネット・とす」会長）……78
池田俊正（「夕顔運動」佐賀県本部世話人代表）……80
山口源次（伊万里市社会福祉協議会元副会長）……82

長崎 NAGASAKI

内田　伯（長崎の証言の会代表委員）……86
清野直之（「経営21」代表・中小企業診断士）……88
田中正明（長崎女子短期大学学長）……90

鴨川　誠（「日本野鳥の会」長崎県支部長・名城大学特任教授）……92
種田和夫（「小さな美術館」館長・彫刻家）……94
堺　蘭（長崎外国語短期大学講師）……96
本島　等（元長崎市長）……98
尾崎嘉生（長崎県書店商業組合副理事長）……100
船山忠弘（㈶長崎平和推進協会副理事長）……102
松尾陽一（いなさ幼稚園園長）……104
鐘ケ江管一（雲仙岳災害記念館名誉館長）……106

熊本 KUMAMOTO

坂田　燦（熊本県立美術館副館長）……110
長岡秀則（㈲ソルト・ファーム代表）……112
松本富子（熊本県地域婦人会連絡協議会副会長）……114
筑紫汎三（熊本県国際協会理事長）……116
福本厚子（社団法人　熊本県歯科衛生士会会長）……118

三浦信之（宇土市民会館館長・NPO法人 宇土の文化を考える市民の会理事長）……120
松藤陽子（阿蘇白水郷美術館館長）……122

大分 OITA

神山 登（大分県立芸術会館館長）……126
工藤成江（㈶幼児開発センター九州ブロック代表幹事）……128
小長久子（大分県県民オペラ協会会長・大分大学名誉教授）……130
古賀 寛（NPO「自然の森づくりをすすめる会」 理事長・医学博士）……132
後藤佐代子（NPO法人 大分人材育成・地域文化交流協会国際協力部長）……134
宮本 修（大分県立芸術文化短期大学教授）……136
伊藤京子（「別府アルゲリッチ音楽祭」 総合プロデューサー・ピアニスト）……138
安藤昭三（大分商工会議所最高顧問）……140
梅野朋子（別府市観光協会会長）……142

宮崎 MIYAZAKI

久田ヤヨイ（宮崎県地域婦人連絡協議会顧問）……146
野崎實也（宮崎産業経営大学経済学部教授）……148
伊野啓三郎（㈱文宣代表取締役社長）……150
王　智新（宮崎公立大学教授）……152
大野和男（潤和リハビリテーション振興財団理事長）……154
前田暢俊（㈱前田設計代表取締役）……156
森本雍子（エッセイスト）……158
黒木国昭（ガラス工芸作家）……160
田野光彦（南九州短期大学学長）……162
渡邊綱纜（㈶宮崎県芸術文化協会会長）……164
佐々木宗慶（茶道裏千家教授）……166
原田　解（宮崎県民俗学会会長）……168

鹿児島 KAGOSHIMA

有村　勉（大島運輸㈱代表取締役社長）……172

鈴木了五（鹿児島新報社代表取締役社長）……174
二見剛史（志學館大学教授・鹿児島県文化協会会長）……176
元野濱子（奄美群島民生委員・児童委員協議会会長）……178
川島葉留美（鹿児島県薬物乱用防止指導員連合協議会会長）……180
柳　初男（税理士）……182
大囿純也（㈱エフエム鹿児島代表取締役社長）……184
湯丸ミヨ（鹿児島県地域女性団体連絡協議会会長）……186
井之上博忠（鹿児島県書店商業組合理事長）……188
久保田喬彦（椋鳩十文学記念館元館長）……190
大茂健二郎（㈱マルモ会長）……192
林蘇喜男（奄美博物館元館長）……194
注……196

装丁／三木弘之
本文レイアウト／安藤　聡
カバー写真／前田真三

福岡

FUKUOKA

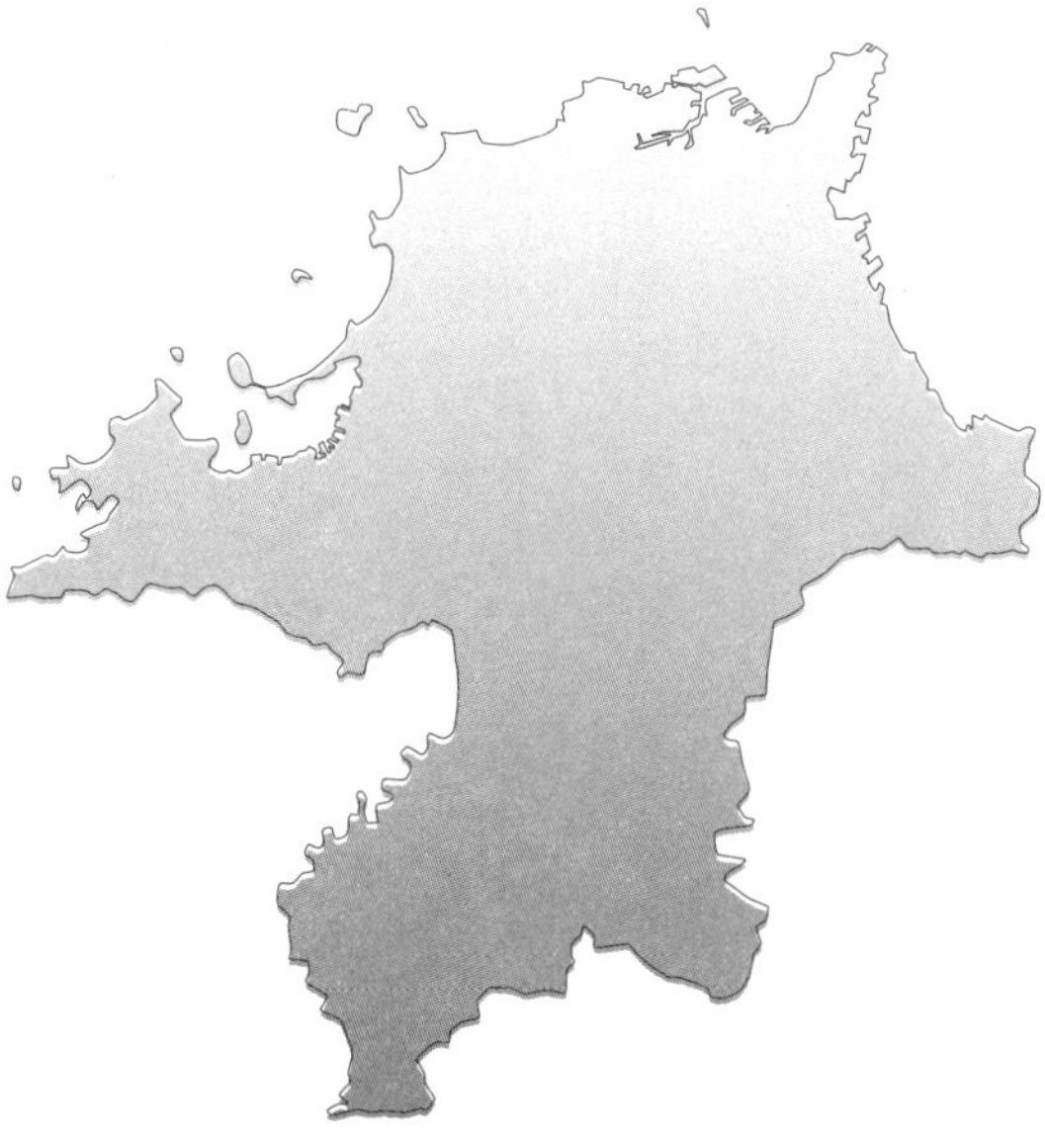

学会の幅広い運動は一貫して「平和と対話」が基《もとい》であると共感

細川　邦典（九州工業大学名誉教授・前学長）

教育は人間性を豊かにし、子どもの幸福を第一に考える尊い事業です。現在、教育に関する諸問題が山積していますが、どの問題の解決も「対話」が重要な鍵《かぎ》になっていると痛感します。

昨年（平成14年）8月、北九州市で開かれた創価学会教育本部の人間教育実践報告大会に招《まね》かれました。

「21世紀を『教育のための社会』へ」とのテーマに賛同。教師や親が子どもの深刻な問題を解決した報告の共通点が「対話」でした。

「対話」は人間愛が根本であり、教育の目的は「対話」による子どもの「個の確立」

にあります。

「個の確立」の集積が人間社会の発展へと昇華《しょうか》していくのですが、その底流は、人間愛に満ちた仏法思想と相通じていると感じられます。

聖教新聞紙上や各種のイベントなどで見聞した学会の幅広い運動は、一貫して「平和と対話」が基であると共感しており、それは池田名誉会長の強いリーダーシップの賜物《たまもの》であると敬服しています。

名誉会長が世界の指導者や知性と「平和と対話」の交流を重ねておられるのは周知の事実です。昨年、「周恩来展」を拝見した折も、人間愛に満ちた周総理と名誉会長の絆《きずな》が、日中に偉大な友情の橋を懸《か》けたと感銘しました。

人間主義を高く掲げる学会の運動は、仏法思想に基《もと》づく「平和と対話」を機軸にした行動が正しかった、という証明でしょう。今後、ますます運動を発展させて、より平和で心豊かな日本を、世界を築かれんことを切望しています。

（ほそかわ・くにのり）

各界トップに立つ方々も池田名誉会長の言葉を聞いていただきたい

花元　克巳
（全国農業協同組合中央会副会長）

貴会と私との出合いは古く、住まいがある飯塚市や仕事で知り合った会員を通して理解を深めています。皆さんに共通して言えるのは、本当にお世話好きで、勤勉であり、その考え方や行動には共感できます。

私は常々、「人間は哲学を持つべきである」と主張してきました。国や社会を形成する政治、教育、経済などあらゆる分野で、哲学が欠けていると感ずることがしばしばです。

特に「心の哲学」が肝要《かんよう》です。人間として進むべき道の信条となり、精神的な健康を養い、人生に勝つ気力を育て、幸せをもたらしてくれるからです。その意味で、一つの宗教哲学を強く信じ、会員が学び、行動する貴会のご活躍に期待しています。

農業に関して言えば、私は一貫して子どもの教育科目に「食育」を取り入れるように訴え続け、生産者とともに国民・消費者の安全、安心、健康に尽《つ》くすことを啓発してきました。

生きものの大切さ、命と健康の尊さを心に刻《きざ》むことは人間形成を高め、地域社会の発展につながります。

聖教新聞紙上などで池田名誉会長の言葉に触れていますが、食と農への造詣《ぞうけい》も深く、食文化を本当に大事にされていると感銘しています。会員の皆さんが、そのような哲学的な言葉に触れているのは素晴らしいことです。日本の各界トップに立つ方々も、池田名誉会長の言葉を聞いていただきたい、と心から願います。

農業には厳しさもありますが、希望や展望もあります。農業と農村地域を開くために「これまでの10倍は努力」と決意しています。

私どもの命題は「農」と「共生」の21世紀づくりです。お互いに知恵を集め、価値を生み出す交流を深め合っていきたいと念じてやみません。

（はなもと・かつみ）

私の夢
それはアメリカ創価大学で
英語で教育講演をすることです

曻地　三郎
（しいのみ学園園長
福岡教育大学名誉教授）

師範学校卒業と同時に付属小学校に赴任《ふにん》した牧口会長。当時、師範学校をトップの成績で卒業した者が、付属小学校に就職することが決まっていました。私も師範学校卒業ですので、牧口会長がいかに優秀な方であったかが分かります。

その会長が生み出した「価値創造」の哲学は、今や平和・文化・教育とさまざまな分野で具現化。世界的な規模での市民運動として広がりをみせています。

牧口初代会長から戸田第2代会長、そして池田第3代会長へと太い絆《きずな》で結ばれてきた創価学会の精神の系譜《けいふ》。そこにこそ学会の力《ちから》強い発展、前進の源《みなもと》があると敬服しています。

私は、脳性小児まひの子どもを2人抱えながら、大学で心理学、医学を学び、「イジメのない学校・しいのみ学園」を創立。

97歳になった今も、現役の園長として毎日、子どもたちを育《はぐく》んでいます。それだけに、昭和5年、教育者の集いから出発した創価学会には、注目をしておりました。

牧口会長は、少年期に生活の中で〝生きることの尊さ、他人を敬うことの大切さ〟を身に付けるために自著『創価教育学体系』の中で「半日学校」を提起されました。

私は、長い教師生活を通して〝三歳児までが人生の勝負どころ〟だと確信し「三歳児教育学会」を創設しました。そこには、創価教育と符合する〝自他共の命こそ宝〟との、教育の原点があります。いかなる子どもにも限りない未来に向かって伸びていく美しい心が備わっています。その心を信じ、共に前進いたしましょう。

今年（平成15年）、池田名誉会長に手紙を書きました。「私の夢。それはアメリカ創価大学で、英語で教育講演をすることです」と。

100歳の節目に――。

（しょうち・さぶろう）

これからの時代は、宗教の持つ精神性を生き方の中心にどう据《す》えるかが大事

八尋　光秀
（弁護士）

私はこれまで、創価学会の青年部の皆さんが主催する連続講座やシンポジウムに出席し、講演・基調報告の機会を得てきました。テーマは「脳死患者の人権と臓器《ぞうき》移植」「薬害エイズと人権を考える」など、人権に関する内容です。性別、立場、宗教といった違いを乗り越えて取り組む人権問題。確かな宗教哲学を掲げた学会の青年の方々の眼《まな》差《ざ》しが、今でも強く印象に残っています。

日本には〝宗派は数多くあっても信仰がない〟という指摘もあります。

命、平和、人権といった問題を自分の信仰に照らしてより深めていく。そしてそのことに対して、自分のメッセージを他者に、

社会にきちんと発信する。

社会が克服しなければならない課題に対して宗教が役割を果たしていかなければ、その存在意義もなくなってしまいます。

そういう意味で、特にこの20年、池田名誉会長を中心とする貴会の地域、社会に対する取り組みを、高く評価しています。

その期間はちょうど、労働組合などの既存の団体がうまく機能しなくなった時期。労働する意味を掘り下げ、共に苦楽を分かち合う組合組織、指導理念などがぜい弱にもなった時代です。人が労働者として生きるよりどころを創価学会の中に見つけ、そこに求めたとも言えます。これは学会が担った大きな社会的役割の一つです。

私が弁護団代表を務めた熊本地裁ハンセン病訴訟においても、創価学会を含めた多くの宗教の力《ちから》が、その信仰が、元患者らを勇気づけ、問題解決への力になったと実感しました。

これからの時代は、宗教の持つ精神性を生き方の中心にどうやって据えるかが大事だと思います。貴会があらゆる人間や社会、そして時代が抱える課題に対して、さらに挑《いど》んでいかれることを期待しております。

（やひろ・みつひで）

「草の根」レベルで日本の教育・文化の発展に貢献する学会に、惜しみない賛同

野口　忠行（洋画家）

友人の勧めで聖教新聞を愛読して、十数年になります。紙面を通して、平和と文化の息吹《いぶき》にあふれる創価学会の活動や差異を最大に尊重する哲学に、共感を覚えずにはいられません。

私は、ペルーの3000メートル級の高地に住む山岳民族をモチーフに、村の長老や子どもたち、朝市の女性などを描き続けて23年になります。

初めは、物質的に貧しい彼らに対し、〝侵略の悲劇を背負ったインカ帝国の末裔《まつえい》〟との先入観がありました。

しかし、19回の訪問を通して、それが大変に失礼な誤解であることを痛感しました。

太陽を中心とした自然の恵《めぐ》みに感謝し、自然と共生する姿。そして子どもたちの目の輝き……。

そこには、物質的な物差しとは別に、友人や家畜、草花への思いやりがありました。日本人が忘れてしまった「心の輝き」「心の豊かさ」がありました。

「心」の大切さが叫ばれて久しい昨今、「心豊かな国にするには教育・文化に力《ちから》を入れるべきだ」との声は、多くの政治家や知識人から聞かれます。

そういった意味で、単に口先だけでなく、池田名誉会長の写真展や「世界の少年少女絵画展」など、「草の根」レベルで日本の教育・文化の発展に貢献する学会に、惜しみない賛同を送ります。

また今年（平成16年）2月には、名誉会長がペルー共和国の2003年度「国家ベスト功労賞」に選ばれました。名誉会長はこれまで、海外から数多くの顕彰《けんしょう》を受けておられます。しかし、それを正視できない日本人の心の貧しさが、海外に足を運べば運ぶほど、浮き彫りになって見えてきます。

これからも学会の皆さんが、わが国の教育・文化の一層の興隆に貢献されることを願ってやみません。（のぐち・ただゆき）

名誉会長は、国交もない時代の中国を訪れ、中日友好の道なき道を切り開かれた

趙　国良（胡弓演奏家）

18年前（昭和61年）、私は、池田名誉会長が草分けとなって築かれた中日友好の〝金の橋〟を渡って妻の母国・日本に移住しました。

5歳のころから胡弓《こきゅう》に親しみ、中国では一級奏者の資格を持つ私ですが、日本に来た当初は不安でした。社会体制も違い、この楽器にまだ馴染《なじ》みの薄い国で、果たして受け入れられるだろうか、と。

もし駄目《だめ》なら、ギョーザ屋でも開いて生計を立てようか、と妻と語り合ったものです。何事も、〝最初の一歩〟が難しい、と実感しました。

ましてや、池田名誉会長は、国交もない

時代の中国を訪れ、中日友好の道なき道を切り開かれた。そのご苦労は、いかばかりか、と偲《しの》ばれます。

筆舌に尽《つ》くし難《がた》い反対や妨害もあったでしょう。その中で一貫した行動を貫かれました。この先達の恩を、中日の両国民は忘れてはならないのではないでしょうか。

特に、中国人民が敬愛してやまない周恩来総理との信頼の絆《きずな》は、中日友好の大切な〝原点〟になったと思います。

平成6年11月、福岡ドームでの「アジア青年平和音楽祭」で、私は2人の偉人の友《ゆう》誼《ぎ》に思いを馳《は》せながら『桜花縁《おうかのえにし》』を演奏しました。

5万人もの情熱あふれる学会の青年と共に、アジアの平和を願う祭典に参加できたことは、私の胸中に不朽《ふきゅう》の歴史として輝いています。

また、池田名誉会長が創立された「民音」は、私が最も親しく接してきた団体ですが、音楽や芸術を通して世界の人々の心をつないだ功績は、計り知れません。

今後とも、創価学会が、「文化」の力《ちから》で世界に友好と平和を広げられることを念願しています。

（ちょう・こくりょう）

地域の平和と民衆の幸福のために、自発の心で行動する創価学会の皆さんに共感

矢野　忠義
（油症医療恒久救済対策協議会会長）

人間の生き方を真摯《しんし》に見つめ、地域の平和と民衆の幸福のために、自発の心で行動する創価学会の皆さんに共感しています。

昭和43年、西日本一帯の1万4000人以上が被害を届け出たカネミ油症《ゆしょう》事件。事件発生から36年後（平成16年）の今もなお、多額の治療費の支払いや、女性被害者の「黒い赤ちゃん」の出産など、ダイオキシンの猛毒は、世代を超えて広がっています。

私はその被害者の一人として、ダイオキシン被害の根絶と、被害者と家族の恒久《こうきゅう》的な救済を目指し、各地で人権擁護《ようご》の講演やセミナーなどを開催。公害の責任から逃

れようとする企業や国の追及だけでなく、事件に対する人々の無関心の壁を打ち破ろうと、努力を重ねてきました。

そうした活動の中で、多くの学会の方々と交流を重ね、学会が主催するさまざまな展示会などにも参加させていただきました。

特に、平成14年に九州池田講堂で行われた「周恩来展」は、深く心に残っています。

想像を絶する苦難を乗り越え、民衆の幸福のために生命を捧《ささ》げてこられた創価学会の歴代会長の精神。

その民衆奉仕の魂の具現者《ぐげんしゃ》として、池田名誉会長が日中国交正常化に、いかに大きな役割を果たされたかを、あらためて深く認識いたしました。

また、日中友好の「金の橋」を、世紀を超えて、世々代々と人々の心に伝える学会の文化活動に、強く感銘を受けました。

これからも、民衆レベルでアジアの平和実現を目指し、行動する学会に大きな期待を寄せています。

私も、周恩来総理の「前事不忘　後事之師」（前事を忘れず後事の師とする）との言葉を胸に刻み、過去の歴史を鑑《かがみ》として、平和のために尽くしていきたいと思います。

（やの・ただよし）

開かれた対話で世界平和を実現する優れたメッセンジャー

H・A・ムガール（イスラム文化研究会主宰）

パキスタンのイスラマバード大学で日本語を専攻した私は１９８５年（昭和60年）、来日。日本社会における宗教の役割に関心を持ち、イスラム文化研究会を発足して18年。福岡市に在住し、異文化コミュニケーションを広げるなかで、創価学会員と出会いました。

メンバーとの対話を通して、ＳＧＩ（創価学会インタナショナル）が社会に積極的にかかわっていく姿勢に共感。平和を愛する精神性に、イスラムと相通ずるものを見いだしました。

「イスラム」との言葉に「９・11」の米同時多発テロを連想する人が多くいるのでは

ないでしょうか。一部マスコミが〝テロリストはイスラム原理主義者〟と。しかし原理、原則を踏み外《はず》し、暴力に訴える彼らは〝イスラム極端主義者〟です。同じイスラム教徒のパキスタン人も犠牲になっており、テロは絶対に許されるものではありません。また、起こった事象のみではなく、歴史的な背景を知る必要があります。過去を認識して評価することが、恨《うら》みと暴力の連鎖を断ち切る第一歩となることでしょう。表層的で断片的なメディア情報だけでは、人々に誤解を広めます。

創価学会に対しても同じことが言えるのではないでしょうか。

私が3年前（平成14年）、「周恩来展」を観賞した際、池田SGI会長と江沢民《こうたくみん》前国家主席が握手しているパネルに目が留まりました。そこからSGI会長の日中友好にかける永続的で並々ならぬ努力を感じ取りました。池田SGI会長は開かれた対話で世界平和を実現する優れたメッセンジャーと考えています。私の父のような存在でいつも啓発を受けています。

会長の姿に対話の普遍性《ふへんせい》を学ぶとともに平和構築のため文明間の懸《か》け橋に、と努力を惜しみません。（フマユン・A・ムガール）

最高の人間教育を受けた創価の女性が立ち上がり社会の変革に挑《いど》んでいただきたい

入江　幸子
（福岡県性教育研究会会長
童話作家）

子どもたちが荒れていた1970年代、歓楽街の近くにある福岡市内の中学校の教師だった私は、生徒が性の知識の欠如のために、自らの心と体を傷つけてしまう現実に直面しました。

当時は性教育の指導方法も確立されていませんでした。子どもたちの幸せのために、誰かがその道に精通しなくてはと思い、78年（昭和53年）に教師を退職。性教育の専門家としての人生をスタートしました。

現在、福岡県性教育研究会の会長として教師や児童、生徒、学生などを対象に講演活動を行っています。電話やホームページを使った教育相談も開設し、20年以上、多くの子どもたちとかかわってきました。

性教育とは、知識や情報のみを与えることではありません。自分を大切にする心や他人をいたわる姿勢を育《はぐく》むことが、性教育の本質だと思っています。性教育は人間教育なのです。

このような運動を続けるなかで創価学会に出合い、貴会こそ最高の人間教育機関である、と感じました。

一庶民である女性が貴会の活動を通して、池田名誉会長から仏法の哲理を学び、人々を幸福へと導くリーダーに成長していく。その過程に、人間教育の真髄を見るのです。


「世界の教科書展」など貴会が主催する展示も観賞しましたが、池田名誉会長の教育に懸《か》ける真摯《しんし》な姿勢に尊敬の念を覚えます。

世間では青少年の性的被害・犯罪が急増しています。このゆがんだ時代に、最高の人間教育を受けた創価の女性が立ち上がり、社会の変革に挑んでいただきたい、と念願しています。

この11月（平成17年）、貴会は創立75周年を迎えられます。未来に生きる青年が〝最高の人間教育機関〟をどのように受け継ぎ、発展させていくのか。万感の期待を持って注目しています。

（いりえ・さちこ）

崇高な理念と行動によって綴られた名誉会長の作品は後世に輝きを放つと確信

山口　尚之（福岡県書店商業組合理事長）

書店を営んでいた父の跡《あと》を継ぎ、この業界に身を置いて30年がたちました。その間、時代の変化とともに、活字を取り巻く環境も一変しました。

インターネットの普及で情報伝達の速度は格段に進歩し、映像メディアの発達により、「読む」よりも「見る」ことを好む風潮が広まりました。

技術の進歩は喜ばしいのですが、「読む」ことが敬遠される現代に、大きな危機感を感じます。

活字との触れ合いは自《みずか》らを養う作業です。豊かな想像力や物事に対する自分の考えを持つ力《ちから》も育《はぐく》みます。主体性を持ち、より人間らしく生きるために必要不可欠なものだと考えます。

　この活字文化の重要性を認識され、いち早く行動されていたのが池田名誉会長です。

　聖教新聞に連載された小説『人間革命』『新・人間革命』の回数は５０００回[*1]に迫り、出版された単行本・文庫本も４０００万部[*2]を超えるベストセラーになっています。

　また海外で出版された名誉会長の著作は、35言語８６０点[*3]にも及び、世界に活字文化を広められています。

　〝一流〟の人間と心を開いて真摯《しんし》に語り合えること自体、名誉会長が〝一流〟の人である証《あか》しだと思います。その名誉会長もまた、青年時代から寸暇《すんか》を惜しんで書物に親しまれたと伺《うかが》いました。

　活字文化に携《たずさ》わる人間として、名誉会長への敬意と感謝の思いを形にできればと、先日（平成18年11月）、組合の総意で感謝状を贈呈させていただきました。

　名作は時代を経てその輝きを増します。崇高《すうこう》な理念と行動によって綴《つづ》られた名誉会長の作品は、後世に輝きを放つと確信します。

（やまぐち・なおゆき）

〝法華経の智慧〟を現代に「発揚光大《はつようこうだい》」させた稀有《けう》な存在

胡　嘉明
（貴州大学外国語学院日本語学部長）

今年（平成19年）2月26日、貴州《きしゅう》大学から池田名誉会長への名誉教授称号の授与式が挙行されました。名誉会長が中日友好に果たされた功績を思う時、同大学の一員として栄誉を覚えます。

私が池田名誉会長を初めて知ったのは、北京語言大学の学生時代のこと。留学していた創価大学の学生・森満春さんから、中国語版の小説『人間革命』と『人生抄』を贈呈され、読んだことがきっかけです。

ページをめくり、池田名誉会長の言葉の力《ちから》強さに心を奪われました。人に勇気を送り、元気を与える、エネルギーに満ちた言葉でした。読むたびに、心の奥底から力がわき上がるのを感じました。

それから17年後の昨年（平成18年）4月、婦人部の児島紀代子さんとの出会いを通し、創価学会の理念や活動を深く知るようになりました。

何より学会の皆さんの人柄に胸を打たれました。信義を重んじながらも気さくで、謙虚《けんきょ》で、飾るところがない。そして、決して相手を見下さず、異文化を尊重していこう、との姿勢に感動を禁じ得ませんでした。

授与式に出席した時、こうした人間性が、池田名誉会長の思想、哲学の深さに裏付けられていると実感しました。


観念的な理論を振り回すのではなく、現実の社会に目を向ける〝実践主義〟。また、人を励まし、幸福にせずにはおかないという〝民衆重視〟の姿勢――。池田名誉会長は〝法華経の智慧《ちえ》〟を現代に「発揚光大」（より一層の光彩を放たせる）させた稀有な存在と言えます。その偉大な功績は、世界の歴史に必ず記憶されると確信します。

今年は、中日国交正常化から35周年。現在、私は福岡市に滞在《たいざい》中ですが、両国の発展と友好の深化のために、〝創価の師弟〟の皆さんと共に力を尽《つ》くします。

（こ・かめい）

誠実な行動で世界の識者との間に深い縁を結ばれていることに感銘

深町　純亮
（飯塚市歴史資料館元館長）

歴史の勉強を続けていると、思いもかけないところでの人のつながりを発見して、感慨にふけることがあります。

50年ほど前、石炭の経営者連盟に出向して、闘争至上主義の炭労に真正面から立ち向かう仕事に参画していました。

既存の宗教各派は葬式宗教に堕《だ》していると嘆《たん》じていた私ですが、闘う宗教者としての戸田第2代会長とその風貌《ふうぼう》に接し、この人こそ真の宗教家ではないか、との思いが私の頭に沈潜《ちんせん》し続けてきました。

時を経て、飯塚市の訪中団に参加した際、学会員の方と行動を共にしました。その方はすでに故人となられましたが、滋味《じみ》あふれる温顔が懐《なつ》かしく思い出されます。

そして昨年（平成18年）には、嘉麻《かま》市で開催された「平和への大道展」にお招《まね》きをいただきました。戸田第2代会長の弟子である池田名誉会長が、誠実な行動で世界の識者との間に深い縁《えにし》を結ばれていることに感銘を受けました。会場には、次代を担《にな》う清新の青年が生き生きと役員に就《つ》いており、貴会のますますの発展を予感いたしました。

過去の偉大な歴史を真摯《しんし》に学び、そこに流れる魂を後世に伝えていく。私も、石炭史の解明と顕彰《けんしょう》に全力を挙げています。

筑豊《ちくほう》地方は、石炭があったればこそ銀行や電力、鉄道、教育施設、病院、大衆演劇など、多彩な文化が育ちました。飯塚市に九州工業大学情報工学部が開学したのも石炭の縁です。

平成19年4月には、石炭王と呼ばれた伊藤伝右衛門《でんえもん》の旧邸の公開が始まり、全国から多数の観光客を集めています。観光都市としての明るい前途も見えてきました。

齢《よわい》80を超えましたが、これからも貴会の皆さんと結んだ絆《きずな》を大切にしながら、筑豊の発展のために余生を捧《ささ》げたいと念じています。

（ふかまち・じゅんすけ）

名誉会長はまさに「人類の親善大使」「地球を守る平和大使」

竹内　良夫
（九州国際大学前学長）

最近、テレビや新聞で「いじめ」「殺傷事件」などの青少年の暗いニュースを頻繁《ひんぱん》に目にします。そのたびに、学校・地域・家庭での「人を思いやる心」を育《はぐく》む「人権教育」が失われつつあるのではないか、と感じてなりません。

現在、こうした教育問題に対して、道徳や倫理などの知識や方法論ばかりが声高に叫ばれています。しかし、本当に今、必要なことは、子どもの幸せを願い、一緒に夢や目標に向かう〝心の教育〟ではないでしょうか。

創価学会青年部が制作した展示「21世紀　希望の人権展」を昨年（平成18年）4月、

拝見しました。

そこには人権闘争の偉人たちを通して、青年たちが真剣に平和を訴え、行動している姿があり、学会に魅力を感じるようになりました。

同年10月、本部幹部会の衛星中継に招かれた時のことです。池田名誉会長は、スピーチの最中に青年たちに親しく優しく語りかけていたのです。その姿に、青年と同じ目線に立って大切に育てていこうとする名誉会長の慈愛を感じてなりませんでした。人から人へと人間としての優しさを伝え、育む行動がありました。

まさに〝心の教育〟の模範の姿が、名誉会長と青年たちの語らいの中にあったのです。聖教新聞を見ると、世界中で青年たちが名誉会長の精神を受け継《つ》ぎ、社会に貢献する模様が紹介されています。

全世界に価値創造の教育を広げ、平和の一大勢力を築いてきたからこそ、世界中から名誉市民や名誉教授の称号が、名誉会長に贈られているのでしょう。

国際的に活躍される池田名誉会長はまさに「人類の親善大使」「地球を守る平和大使」といえるのではないでしょうか。

（たけうち・よしお）

韓日友好を開いた「正しい歴史観」を青年が脈々と継承

姜　文順

（在日本大韓民国民団婦人会　福岡県地方本部会長）

私は昨年（平成18年）5月、創価学会福岡研修道場で開催された「韓日友好の碑」建立7周年を祝賀する集いに、初めて参加させていただきました。

そこでは、学会の方々が、韓国の民族衣装を身にまとい、韓国語の合唱や韓日の歴史をテーマにした研究発表が。私たち民団を大歓迎してくださり、まるで母国の韓国にいるような気持ちになりました。

そして、創価学会は人々に深い慈愛を与えてくれる団体だと確信し、親近感を覚えたのです。

池田名誉会長の提案により建立された「韓日友好の碑」の碑文には、〝韓国は日本の文化の大恩人の国〟との思いが込められていることを知り、感動を禁じえません。

私たち在日韓国人は、1910年（明治43年）に日本の支配下に置かれ、生活は過《か》酷《こく》を極めていました。45年（昭和20年）8月に日本が敗戦を迎えた後も、私たちは地域や学校、職場の至る所でいわれなき差別を受け続けてきたのです。

しかし、創価学会の皆さまには、まったく差別意識を感じませんでした。それどころか、祝賀の集いでは、学生の代表が韓日の歴史について、正しい認識を持ち、堂々と研究発表をされたのです。韓日友好を開かれた池田名誉会長の「正しい歴史観」を、青年が脈々と継承していることを学びました。私自身、在日韓国人2世として日本で生きてきたなかで、差別の温床は教育にある、と考えています。

池田名誉会長の韓日友好への努力と行動、「誤りは誤り」「正義は正義」と叫ばれた、その精神が、しっかりと若い世代に引き継《つ》がれていることに驚きを隠せません。

韓日友好の懸《か》け橋として尽力される池田名誉会長に敬意を表するとともに、私たちも同じ心で平和の連帯を広げてまいります。

（カン・ウスン）

社会に貢献《こうけん》していく草の根の運動を高めていることに敬服

鶴　健市
（ＮＰＯ法人　社会教育団体ベルポ会会長）

私は20歳の時に、終戦を迎えました。国家のために財産も生命も捧《ささ》げることが、美徳とされてきた価値観が一変。真の幸福とは何か、本当の自由や平等とは何かを考えさせられる青春時代でした。

一人一人が生きがいを持ち、より価値的な生活を実現していくには、どうすればいいのか。そんな思いから私は、35年前（昭和48年）に、当会を設立したのです。以来、啓発《けいはつ》セミナーを開催する傍《かたわ》ら、中国や東南アジア諸国との文化交流を続けています。

以前、学会員の友人葬に参列した時、僧侶ではなく、身近な会員が中心となって読経し、真心を込めて弔《とむら》う姿に感動。故人を心から偲《しの》び、たたえる葬儀に、すがすがしささえ感じたことを、今でも鮮烈《せんれつ》に覚えています。

また、座談会に招《まね》かれて参加した時も、会員一人一人が社会の一員として貢献を誓い、生き生きと信仰の喜びを語る姿に共感しました。これらの体験を通して、宗教とは、生活に息づくものであるべきだと考えるようになったのです。

この点から、創価学会は民衆に根差した宗教であり、他の宗教団体と一線を画していると思います。

さらに特筆すべきことは、宗教活動にとどまらず、平和・文化・教育の取り組みも展開されている点です。池田名誉会長を先頭に、社会に貢献していく運動を高めていることに敬服せずにはいられません。

正しい価値基準を見いだしにくい現代において、真の平和と幸福を願い、学会の皆さまがさまざまな困難を乗り越えて、草の根の対話運動を続けておられることを心から称賛します。

これからも、民衆と共に、人間共和の社会構築のために尽力されることを期待します。

（つる・けんいち）

名誉会長の詩からはどんな人にも勇気と希望を送る真心が伝わってきます

春口　徳雄（医学博士 臨床心理士）

教育の現場では子どもたちが落ち着きを失い、時には相手の気持ちを考えず、いじめや暴力に訴えている——私は、この現状を解決する手段の一つとして、「ロールレタリング（役割交換書簡《しょかん》法）」を研究しています。

例《たと》えば、子どもたちに、いじめられる側の気持ちになって、その痛みを自分宛《あて》の手紙に綴《つづ》ってもらいます。数日後、その手紙を読み、今度はいじめる側に立って、自らに返信する。

この一人二役の作業を交互に繰り返すことで、自分自身を客観的にとらえ、他人の痛みを想像する感受性を培《つちか》うことができるのです。この相手を思いやる心を育《はぐく》むことは、宗教が果たす役割と共通していると思います。

私は福岡市在住ですが、地域の学会の方々と触れ合うなかで、会員お一人お一人が、生きることに前向きで、他者の悩みに親身になれる人が多いことに感心いたします。それは、自身と向き合い、他の幸福を祈る作業を日々、繰り返しているからだと思うのです。

そのことは、聖教新聞を毎日読んでいても感じます。特に、池田名誉会長の詩からは、どんな人にも勇気と希望を送る真心が伝わってきます。

宗祖の日蓮大聖人が、〝一人〟に思いを寄せ、何度も励ましの手紙を送られた精神に通じているのではないでしょうか。

政治や経済のみを追求する時代は過ぎました。これからの時代は、教育や文化、医《い》療《りょう》、福祉という分野が、ますます重要になってきます。なぜなら、人間の生命や生活に、最も切実にかかわっている問題だからです。

今後も、社会の中に、人間主義の哲学を広げていかれることを願ってやみません。

（はるぐち・のりお）

創価教育の哲学が世界中で実践されていることに感銘《かんめい》

寺坂カタヱ（北九州ＥＳＤ協議会代表）

国連が採択《さいたく》した「持続可能な開発のための教育（ＥＳＤ）の10年」を推進するため、国連から認証を受け、２年前（平成18年）に協議会を発足《ほっそく》しました。

協議会では、北九州地域の市民団体が加盟。あらゆる教育の場で、未来の世代にとって幸せな社会、環境をつくり、遺《のこ》すことのできる教育の在り方を目指しています。

このＥＳＤに関する提案が、実はＳＧＩ（創価学会インタナショナル）と全く同意見であったことを後から知り、驚きを隠せません。

私は30年余り小・中学校で教職に就《つ》いており、以前から教え子や会員を通して、牧口初代会長の教育信念に関心を持っていました。

その創価教育の哲学が池田SGI会長に引き継がれ、世界中で実践されていることに感銘しています。貴会の人間教育は、もっと客観的に評価されてしかるべきではないかと思います。

私は、教師になってまもなく戦禍《せんか》に遭《あ》い、子どもたちが苦しむ姿に、どれほど胸を締《し》め付けられたか分かりません。

子どもから生きる希望を奪ってはいけない――これが、私の信念です。

現代の教育現場では、さまざまな問題を抱えていますが、今こそ家庭、学校、地域が協力し、〝子どもの幸福〟を根本とした教育を目指す時ではないでしょうか。

本年(平成20年)、北九州で開催された「輝く子どもと人間教育プラザ展」を観賞。豊富な教育実践の紹介からも、会員一人一人が人間教育の主体者として力《ちから》を発揮されていることに希望をいただきました。

私も〝本物の教育〟の復権に全力を注ぎます。

(てらさか・かたえ)

名誉会長の行動哲学を受け継ぐ青年は、中日友好の〝金の橋〟を輝かせる存在

李　憲章（福岡華僑総会会長）

１９４７年（昭和22年）、７歳の時に一家で、中国から日本に移り住みました。当時は戦後の混乱期。中国人というだけでばかにされ、つらい思いをしたこともありました。しかし、それ以上に、支え励ましてくれる友人ができ、今の私があります。心が通う「友」の存在は人生にとって一番の財産。私は、中国と日本もそうあってほしいと願い、長年、両国の友好促進にかかわってきました。

先日、福岡で開催された「大三国志展」（平成20年）は衝撃《しょうげき》的でした。展示を観賞して、数多くの「中国国家一級文物」（日本の国宝級）をはじめ、中日の文化交流の歴

史まで学べる幅広さ、規模の大きさに感嘆しました。

この展示は2年前（平成18年）、池田名誉会長と王毅《おうき》駐日大使（当時）の会談から実現したと伺《うかが》いましたが、名誉会長と中国の深い信頼なくして成し得なかったものと思います。

私たちは40年前（昭和43年）、名誉会長が日中国交正常化を提言された歴史に感謝しなければなりません。

なかでも、周恩来総理との会談や、創価大学が日本で初めて中国人留学生を受け入れるなど、誠実に友誼《ゆうぎ》を育《はぐく》まれてきた名誉会長の信念と行動を、心ある人々は、皆、称賛しています。

21世紀に入り、中日両国は今、あらゆる分野で一層のパートナーシップが求められ、若い世代の交流が、ますます重要となってきます。

特に、池田名誉会長の行動哲学を受け継《つ》ぐ青年は、中日友好の〝金の橋〟を輝かせる存在である、と期待しております。

（り・けんしょう）

「韓国は文化大恩《だいおん》の国」との信念に感謝は尽《つ》きません

朴　興謨
（在日本大韓民国民団　福岡県地方本部地方団長）

現在、日本には約60万人の在日韓国・朝鮮人が暮《く》らし、福岡県では約2万人の同胞《どうほう》が生活を営《いとな》んでいます。戦後63年を経《へ》て、就職などの権利を制限する国籍《こくせき》条項を撤廃《てっぱい》する動きが広がっています。しかし、その一方で、いまだ差別の問題が残っているのも現実です。

私たちは、市民に意識改革を呼びかけ、在日の方々がより良く暮らせるよう、さまざまな支援をさせていただいております。民団にも多くの学会員がおられますが、何事にも積極的な姿に以前から関心を持っていました。

聞けば、池田名誉会長が日ごろから韓日

友好に全魂を注《そそ》がれ、貴会のお一人お一人も同じ心で、国や民族の差異を超え、〝世界市民〟として生きておられることに感動していました。

一昨年（平成19年）に続き、昨年（平成20年）５月も、福岡研修道場で行われた〝韓日友好の集い〟に参加。青年部の方々が韓国の歴史や文化を学び、尊重してくださっていることに胸が熱くなりました。

池田名誉会長の「韓国は文化大恩の国」との信念に感謝は尽きません。

名誉会長には、韓国の大学から11の名誉学術称号や、28の名誉市民称号[*4]が贈られています。これらの名誉称号こそ、名誉会長が、いかに韓日親善に心を砕き、〝金の橋〟を強固にしてこられたか。その証《あか》しにほかならないと思うのです。

昨年3月、韓国SGI青年部と九州創価学会青年部の方々が、韓日の平和と発展を誓い合ったと伺《うかが》いました。世界に友情と信頼の絆《きずな》を広げる学会、特に青年部の皆さんに大いに期待しています。

（パク・フンモ）

平和・文化・教育の活動を展開し青年の可能性を開く学会の発展に心から期待

藤川　正幸（教育ビジネス学園理事長）

私は、１９８６年（昭和61年）に公務員を目指すための専門学校を、福岡市に開校しました。

それは、混沌《こんとん》とした現代の社会状況を、打破できるのは青年の情熱と力《ちから》であり、そんな次代を担《にな》う青年たちの可能性を、少しでも広げていきたい、との願いがあったからです。

先日、聖教新聞で教育に関する記事を読み、深く感銘《かんめい》しました。そこには、一人の教育者のエピソードが紹介されていました。

教師は「上から目線」で見るのではなく、「生徒と同じ目線」で見ていく。そして、〝子どもの幸福〟を願い、共に悩んでいくことが重要であると、綴《つづ》られていました。その教師の人間教育にかける情熱に心打たれました。

さらに、池田名誉会長が提唱されている「教育のための社会」の構築を目指していることを知り、感動を新たにしたのです。

今年（平成21年）7月、知人の誘いを受けて学会の会合に参加させていただいた時も、一人一人が社会で実証を示し、信頼の輪を広げている姿に、元気をもらいました。

特に青年の活躍が素晴らしく、名誉会長が、どこまでも青年の〝無限の可能性〟を信じ、全力で励まし、育《はぐく》んでこられた賜物《たまもの》にほかならない、と痛感しました。

平和・文化・教育の活動を展開し、青年の可能性を開く学会の発展に心から期待しています。「創価の哲学」に共感する一人として、これからも皆さんと一緒に手を取り合って、前進していきたいと念願しています。

（ふじかわ・まさゆき）

皆さまが元気なのは、師と仰《あお》ぐ池田名誉会長夫妻という最高の手本があるから

土井　智子
（北九州市女性団体連絡会議会長）

北九州市内の4万人を超える女性団体の会員と力《ちから》を合わせ、共に生き、共に創《つく》る男女共同参画社会の実現を目指しています。

私は市女性団体連絡会議の会長となって3年目ですが、長年、この運動の第一線で行動するなかで、学会の方と知り合いました。

そして、学会の出版物を読み、イベントなどへの参加を通して、明るく前向きで、パワーあふれる婦人の生き方に、男女参画を進めるうえで多くの示唆《しさ》をいただいています。

特に感心するのは、社会に有為な人材を育成しておられる点です。

皆さまは、草の根の対話で意識を啓発し、相手に勇気や希望を送っています。しかも、他者を生かす心配りがある。これは、家庭や地域にあっても大切な視点だと信じます。

そのうえ、『香峯子抄』などを読むと、池田名誉会長夫妻が仲良く、互いを尊敬し合っている姿、夫人が名誉会長を心から支えておられる心情が伝わってきて、理想的な人間関係を学んだ次第です。

思えば以前は、恩師と呼ばれる尊敬すべき教育者が、数多く身近にいたように思います。人間には生き方の模範、モデルは絶対に必要です。知識だけでなく、生きる勇気を与えてくれる師を持つ人生ほど幸福なものはありません。

学会の皆さまが元気なのは、師と仰ぐ池田名誉会長夫妻という最高の手本があるからでしょう。

今後も力を合わせて、女性が一段と輝く世紀を築いていきたいと、心から願っています。

（どい・ともこ）

半世紀にわたって信念を貫徹し実践を続けてきた姿に感服

林田　俊一（税理士）

飯塚市に事務所を構えて28年。税務と並行して、これまで多くの企業に経営アドバイスを行ってきました。

閉塞感《へいそく》が漂《ただよ》う社会状況のなかで、健全に業績を伸ばす企業は、経済的な合理性を求めるほかに、「トップに信念がある」「経営者や企業の理念が社員にまで浸透《しんとう》している」など、いくつかの共通点があります。

企業も人間と同じ〝生き物〟。全員が目的と志を同じくして、初めて血が通うのだと思います。

経営者のリーダーシップと、理念に沿《そ》った社員の教育と育成は、その根幹に当たります。私も一経営者として肝《きも》に銘《めい》じている

点です。

先日、親交のある学会の方から勧められて『池田大作名言100選』（中央公論新社刊）を読み、衝撃《しょうげき》を受けました。

一つ一つの言葉が胸に迫る、深みのある箴言《しんげん》ばかり。池田名誉会長は計り知れない苦労をされてきたのだ、と思わずにはいられませんでした。

世界平和への挑戦。そして、人間の無限の可能性を信じ抜く力《ちから》——半世紀にわたって、信念を貫徹し、実践を続けてきた池田名誉会長の姿に感服しました。

読み終えて、4年前（平成18年）に「平和への大道展」（嘉麻《かま》展）を観賞した折の、役員の誠実で爽《さわ》やかな応対が思い浮かびました。

名誉会長の信念が、一人一人の会員の心に脈打っていることを目《ま》の当たりにし、学会が発展してきた要因を垣間《かいま》見た気がしました。

一段と社会に貢献し、活躍する人材が羽ばたかれることを期待しています。

（はやしだ・しゅんいち）

名誉会長の言論活動は人々の精神を人間性あふれる〝沃野《よくや》〟へ高める営《いとな》みである

椎窓　猛（自分史図書館館長　作家）

私が館長を務める「自分史図書館」は、全国各地で出版された郷土関係の自費出版物や自分史を収集し、後世に残すために設立した図書館です。

私自身、福岡・八女《やめ》の地で、愛する地域の自然や歴史を伝え残していきたいと願い、コラムや詩歌、随筆などの文筆活動を展開しています。

そんななか、九州文学会館が主催する「小学生作文コンクール」の審査員を務めて10年以上になります。

毎年、子どもたちが綴《つづ》る、家族や出会った人々との思い出、動物や自然への情愛と感謝に満ちた赤裸々《せきらら》な作品に感動せずにはいられません。

また、表彰式に臨《のぞ》む子どもたちは皆、目を輝かせ、返事の声も、はきはきしています。心の交流が希薄《きはく》になっている昨今、大切なことを教えてもらえる素晴らしいコンクールだと思います。

25年以上の長きにわたって持続してきた底流に、池田名誉会長の類《たぐ》いまれなリーダーシップが垣間《かいま》見えます。

「一人の人間が本気で立ち上がるとき、どれほどの歴史を創《つく》れるか」――この名誉会長ご自身の言葉通り、世界を舞台に展開される、壮大な平和・文化・教育運動に、感《かん》銘《めい》を禁じえません。

〝行動の人〟だからこそ、その文章は、読む人の心を打ちます。世界的な視野で活躍される池田名誉会長の言論活動は、人々の精神を人間性あふれる〝沃野〟へ高める営みである、と確信します。

今後も、名誉会長のもと、〝人と人との絆《きずな》〟の復権のために尽力されることを期待しています。

（しいまど・たけし）

佐賀

SAGA

日中関係の水底にある池田名誉会長の貢献を決して忘れてはならない

井本　勇
（佐賀県日中友好協会会長）

　日中平和友好条約締結25周年を迎えた本年（平成15年）、日本の軍国主義がもたらした過去の悲しみを乗り越え、私たちは新たな未来を築かねばなりません。両国の友情が永遠に続くよう、行動を続けたいと思います。

　今から35年前（昭和43年）、いまだ国際的に政情が不安定な時、早くも池田名誉会長が、日中の国交回復を提唱されたことは刮《かつ》目《もく》に値《あたい》します。名誉会長ご自身も戦争で長兄を亡《な》くされたと伺《うかが》い、一貫した平和行動の原点を見る思いです。

　昨年（平成14年）、民音招聘《しょうへい》による「中国京劇院」の佐賀公演を喜んで観賞させてい

ただきました。中国最高峰の名優による公演の背景に、名誉会長と故・周恩来総理の深い友情の淵源《えんげん》があると伺いました。現在の日中関係の水底にある池田名誉会長の貢献を、決して忘れてはならないと思います。

以前、名誉会長撮影のお写真を拝見した折に、何とも言えない温かな眼差《まなざ》し、懐《ふところ》の大きさといったものを感じました。心と心の触発《しょくはつ》によって「平和の心」を世界に広げてこられた名誉会長の信念が、素晴らしい芸術展や絵画展をはじめ、学会青年部による見事な文化祭や音楽祭の演技にも通じていると、私なりに理解しています。

古来、大陸文化の恩恵《おんけい》を受けてきた九州の私たちには、中国をはじめとするアジア全体に向け、平和のメッセージを発信していく責任があります。

この〝地球村〟では、自分さえよければいい、という平和はあり得ません。学会青年部の皆さんが生き生きと社会に貢献し、その希望となっていただきたいものです。

21世紀は〝心〟と〝個性〟の豊かさが求められる時代です。創価学会の皆さんが大いに自分らしさを発揮され、ますます、平和の大道を世界へと広げていかれることを期待します。

（いもと・いさむ）

平和提言で語られた「他者への眼差《まなざ》し」の視点に大いに共感します

貞森　比呂志
（佐賀ユーモア協会会長
前佐賀市文化会館館長）

私は平成元年から昨年（平成15年）まで、佐賀市文化会館の館長を務めましたが、民音の招聘《しょうへい》による世界の芸術交流には、特に強い印象が残りました。それは、虚名《きょめい》にとらわれず、国や地域の文化を掘り下げ、真に、その国の人々が誇りに思っているものを伝えていこうという姿勢を感じたからです。

さらには、市民の皆さんが会場に喜々として集う光景が「文化とは大衆に貢献するものでなくてはならない」という私自身の信条に合致《がっち》し、非常に感動したものです。

公私にかかわらず、学会員の方々は一貫して誰もが誠実で、かつ他人にかかわっていこうとする〝思いやり〟や〝心の温かさ〟を持たれていると感じます。

大きな団体や組織になればなるほど、一人一人の個性や長所は埋《う》もれてしまいがちですが、会員お一人お一人が、個性豊かに力《ちから》を発揮し、誠実に社会に貢献することで創価学会は信頼され、発展してきたと評価しています。利害や損得ではなく、誠実と献身から生まれる心の絆《きずな》ほど強いものはありません。

佐賀ユーモア協会の会長として私は常々、IQ（知能指数）やEQ（情動指数）と並んで、チャプリンのように人を楽しませ、喜ばせるHQ（Humor＝ユーモア指数）が大事だと訴えてきました。

創価学会の皆さまは、人を励まし、勇気づけていくというユーモアの素質を日常的に発揮しておられる。これは地域社会への多大な貢献であり、敬服すべきものです。

人の心が冷え切り、利己主義、一国平和主義がはびこる今こそ、今年のSGI平和提言で池田名誉会長が語られた「他者への眼差し」の視点に大いに共感します。

学会の皆さまには、これからも活発に人々とかかわり、人々の心を温め、社会に寄与していただきたいと切望します。

（さだもり・ひろし）

創価教育の成果は世界を舞台に今後ますます光り輝くものと確信します

松尾　幹夫
（学校法人「松尾学園」理事長）

私は、牧口初代会長、戸田第2代会長の手により出発した創価学会が、当初、教育者の団体であったということに大きな意義を感じている一人です。堂々たる発展を遂げられた貴会の原動力は、「人間中心」「地球民族」主義にあるでしょう。一人の持つ可能性と尊厳に光を当て、その無限の力《ちから》を引き出してこられたことです。これこそ、教育の本義にも相通ずることです。だからこそ、貴会の活動や催《もよお》し物には、人々の深い哲学性や高い文化・芸術性、確かな知性が発揮されていることを感じるのです。

また、その教育への理想は、池田名誉会長が創立された創価大学をはじめとする創価一貫教育に引き継《つ》がれました。「世界市民」の精神に立脚した創価教育の成果は、世界を舞台に今後ますます光り輝くものと確信します。私自身、学校法人「松尾学園」を設立し、多くの方のご尽力を得て、全寮制の中高一貫教育の学舎「弘学館」を1987年（昭和62年）に開校させました。〝教育立県〟と謳《うた》われてきた佐賀の地から、21世紀のリーダーとなるべき優秀な人物をなんとしても輩出したい、との願いからでした。教職員をはじめ、生徒たち自身の不断の努力により、開学以来、常に全国トップレベルの優秀な若者を多数輩出し、高い評価を頂いています。

私は常々、生徒たちに「心の痛みの分かる人間になってください」と語っています。次代を担う人材こそ、庶民を守る英才としての「ノーブレス・オブリージュ」（高貴な立場にいるものの責務）を体現してほしいと願うからです。翻《ひるがえ》って、創価学会の皆さまには「しなやかな精神の力」ともいうべき、人の痛みを思いやる優しさと、心の強さを感じます。貴会が、信仰によって陶冶《とうや》された豊かな人格をもって、今後も社会に普遍的な価値を生み出していかれることを、心から希望しています。

（まつお・みきお）

世界からの名誉学位記は、長年の地道な貢献と活躍なくしてはあり得ない

山崎　佐智子
（佐賀地区食生活改善推進協議会会長）

私は約25年間、市民生活の向上のために多くの方々と活動してきました。自《みずか》ら動いて学んだ知恵を、行政にも反映できるよう努力も重ねてきました。過日、その活動に対して国から表彰も頂き、心から感謝しています。

私が創価学会の皆さまと出会ったのは10年ほど前。学会の催《もよお》しにお招きいただいた時です。普段から喜々とした会員の皆さまを見ていた私は、一体どんな活動をされているのか関心がありました。

以来、私は「創価学会にはいろいろな風評もあるけれど、本当は素晴らしい活動をしているはずだ」と感じてきました。民音

の公演、東京富士美術館の作品などに触れ、その思いはますます強くなりました。文化・芸術や教育など、普遍的《ふへんてき》な人間の価値を広く伝えていくご努力に、いつも感銘《かんめい》しています。

過日、婦人部の方が主催する集いに講師として招《まね》いていただきました。近隣の方々も多く見えており、地域に根差した語らいの素晴らしさに強く共感。学会の皆さまには、人間的な魅力と知性にあふれた方が多いというのが私の印象です。

池田SGI会長は世界各国の識者・指導者と直接会い、平和を推進する対話を広げておられます。世界の大学・教育機関からの170の名誉学位記*5は、長年の地道な貢献と活躍なくしてはあり得ないと確信するものです。

それを根拠もなく批判する人は、偉大な人物を素直に尊敬できないのではないでしょうか。あまりに偉いから、嫉妬《しっと》する人も多くなるのでしょう。

創価学会の皆さまが、SGI会長という卓越した指導者のもとで、ますますお元気に、地域へ友情と価値を広げていかれることを期待しています。

（やまざき・さちこ）

教育を最後の事業として尽力される姿に深く共感し、力《ちから》を得る思い

稲田　繁生
（佐賀県立女性センター・生涯学習センター「アバンセ」顧問）

私は「余生」とか「老後」といった言葉を使うのは好きではありません。人はいつまでも〝誰かに必要とされ、役に立つ〟ことや〝学んで自己を磨く〟ことに喜びを見いだすからです。

私は、今年（平成17年）3月までの5年10カ月間、佐賀県立女性センター・生涯学習センター「アバンセ」の館長を務めました。創価学会の皆さまの生き方には、同館の活動と深く通じる部分があると感じます。

学会の皆さまが、目標を持ち、意欲的に学びつつ〝あすへ、あすへ〟と前進される姿は、「生涯学習」の実践の一つといえましょう。また、特に女性が、生き生きと地

域に根を張り、協調的に社会建設に貢献しておられるという印象もあります。

学会には、信仰を基盤とした成長への意欲と、人々とかかわることを喜びとする、〝生き方の秘けつ〟があるのだと感じます。

私はこの4月、郷土・伊万里《いまり》市の敬徳高校の理事長に就任しました。

今、学校教育に求められるのは、知能指数（IQ）至上主義ではなく、倫理指数（EQ）の向上です。「才あって徳なき人」は絶対につくらないというのが、私の信念でもあります。

「世界の教科書展」や「世界の少年少女絵画展」などを通し、学会が子どもたち一人一人の個性と価値を大きく宣揚《せんよう》されていることに強く打たれました。

私自身も〝子どもたちに尽くす喜び〟と〝向上への意欲〟は忘れません。池田名誉会長が教育を最後の事業とされていると伺《うかが》い、深く共感し、力を得る思いです。

創価学会の皆さまが、たゆみない前進の息吹《いぶき》と希望の力で、明るい未来を築いていかれることを期待しています。

（いなだ・しげお）

名誉会長の最も偉大な事業は創価大学をはじめ教育機関を創立されたこと

藤崎　伸太
（医療法人　修賢会　藤崎病院理事長）

私は青年時代、海軍士官の養成学校で、いわゆる人間魚雷「回天」の乗組員として訓練を受け、出動することなく終戦を迎えました。後に医師を目指したのも、〝生と死〟についての痛烈《つうれつ》な問いかけが基《もと》になっています。

今年（平成18年）5月、唐津市で開催された「アンネ・フランクとホロコースト展」を拝見しました。貴会の平和に対する一貫した取り組みに、深く感動しました。

私が出会う患者さんの中には、学会員の方もおられます。たとえ病気でも心は病に負けない、前向きな方が多いように思います。信仰は生きるための確かな力《ちから》として、人間に不可欠なものであると実感します。

先日（平成18年）、名誉会長への200番目の名誉学術称号[*5]が、中国の北京師範大学から授与されました。実は以前、私が親しくしている地元の識者から、「日中国交正常化に池田名誉会長の多大な貢献があった」と聞き、驚き、注目したものです。

その後、中国からの医学留学生を受け入れた時なども、そのことを思い出しては、貴会の発展を興味深く見つめていました。

私は、名誉会長の最も偉大な事業は、創価大学をはじめ、教育機関を創立されたことだと思っています。人を育てることは、未来をつくることです。教育を生涯の事業として、社会に有為《ゆうい》な人材を輩出されていることは、敬服に値《あたい》します。日本屈指の教育環境を整え、世界各国と学術交流を行うなど、人材育成への多彩な実績が高く評価されての、「200の知性の宝冠」[*5]なのでしょう。

池田名誉会長がかつて「創価学会は少欲知足でいこう」と言われていたのを、ある著作で読み、私は宗教家らしい言葉として心に刻みました。今の社会は、知性の恩恵を忘れ、欲望が暴走しているように思います。人間の英知が息づく社会の構築へ、会員の方々のさらなる貢献を期待しています。

（ふじさき・しんた）

国や人種を超えて〝人間主義〟の人を育てる偉大な存在

石川 慶蔵
(佐賀ダンボール商会副社長)

人間として、生涯の師を持つことは幸福です。その教えは、苦しい時ほど、正しい道を指し示す光になるからです。

私は故・松下幸之助氏が創立した松下電器(株)とPHP研究所に31年間勤め、6年前(平成13年)、有田町にUターンしました。師と仰《あお》いだ松下氏からの薫陶《くんとう》を胸に「世界の〝ARITA〟へ」「夢と感動を世界へ」との信念で、業界の活性化に力《ちから》を注いでいます。

実は昭和49年当時、私は、池田名誉会長と松下氏との往復書簡(対談集『人生問答』として出版)が交わされる様子を間近で見ていました。

お二人は、宗教家と経営者という立場の違いを超え、民衆の指導者として、互いに共鳴し、相互に啓発しておられると感じました。人間の可能性を信じて〝信念の一人〟を育てる、という人材育成の在り方は、両者に深く相通ずるものがあったと思います。

4年前（平成15年）、私が提案した有田焼の万華鏡が商品化されました。そして今年（平成19年）、有田焼の万年筆を発表。どちらも国内外で高く評価され、数々の表彰もいただきました。〝衆知を集め不可能を可能にする〟との師・松下氏の教えに基《もと》づき、皆の力で作り上げた結果です。

今、世界のＳＧＩ青年部の皆さんが、師匠である池田先生の教えのもと、社会の舞台で大活躍されていることに、私は深く共感します。素晴らしい人生の師を持つことは、最高の幸せ者だと確信しております。国や人種を超えて〝人間主義〟の人を育てる偉大な師匠が池田名誉会長です。

私は毎朝、ラジオ放送の「新・人間革命」を聴いています。池田先生をモデルとした山本会長が、世界平和のために奔走《ほんそう》される姿を思い浮かべ「自分も勇気の行動を！」と、わが身を鼓舞《こぶ》しています。

（いしかわ・けいぞう）

各国から受けられた名誉学術称号こそ世界市民の証し

吉野　徳親
（佐賀市国際交流協会会長）

わが協会では、20年以上にわたり、年間20人から30人の佐賀市の小中学生を海外へ送り、各国の子どもたちを受け入れ、友好交流を重ねてきました。

若い彼らの心には、他国への偏見《へんけん》や先入観はありません。砂が水を吸うように多くを学び、国際感覚あふれる社会人となっていきます。

私は日ごろから、国際人の要件として、自分の国の歴史や文化に誇りを持つと同時に、相手の国の歴史や文化を理解し尊敬できる心を培《つちか》ってほしい、と訴えています。

貴会は、世界に広がる平和・文化・教育の団体として、その模範を示しておられます。また、会員お一人お一人が、生活習慣や文化の違いを乗り越え、良き市民として平和社会の建設に尽くしておられます。

　こうした不断の努力があって、貴会は世界192カ国・地域に広がり、未曾有《みぞう》の発展を遂げられたと確信します。

　池田名誉会長が海外から受けられた240を超える名誉学術称号[*5]こそ、世界市民の証《あか》しであることはいうまでもありません。

　私が海外、特にアジアの国々を訪れて感動するのは、自分が貧しくても困っている人を助け、足元にいるアリの命さえも尊ぶ心を持つ子どもたちがいることです。そこには、共に生き、生かされているという「共生」の思想が輝いています。

　その「生命尊厳」「共生」の思想を世界に広げている貴会の活動に期待しています。ともどもに力を合わせ、素晴らしい社会を築いていきたい、と念願してやみません。

（よしの・のりちか）

世界平和こそ〃母の願い〃その実現を目指す皆さまを私は称賛

高尾　玲子

（鳥栖市消費者グループ「エコネット・とす」会長）

私は長年、地元の食生活改善推進協議会や民生委員などの活動に取り組み、現在は主にリサイクルの啓発運動に携《たずさ》わっています。子どもたちの未来に、幸福な社会環境を残すことが、私たちの使命だと思うからです。

貴会の諸行事の中で、特に大きな感銘を受けたのは、女性平和委員会が主催する「平和の文化と子ども展」です。わが子を慈《いつく》しむ〃母親の心〃こそが「平和の文化」である、との主張に深く共感しました。

学会婦人部の皆さまは、日ごろから社会や地域にかかわっておられ、その輝く姿に、私も大いに触発《しょくはつ》を受けています。

池田名誉会長は、この21世紀を「『女性が生きる歓《よろこ》びに包まれる世紀』であり、『母が最も幸福になる世紀』であらねばならない」と言われています。婦人部の皆さまのパワーの源《みなもと》は、人生の師と仰《あお》ぐ池田名誉会長との、心の絆《きずな》にあるのでしょう。羨《うらや》ましい限りです。

世界平和こそ〝母の願い〟。池田名誉会長と共に、その実現を目指す皆さまを私は称賛せずにはいられません。

宗教には、人の心に家族愛や人間愛を育て、ひいては社会の平和に貢献する役割があると信じます。だからこそ、愛情にあふれた女性の視点を、より尊重するべきだと思うのです。

聖教新聞を見ると、世界や日本各地の女性たちの輝く笑顔が目に飛び込んできます。その多くが、賢明に生きる〝お母さん〟であることに思いを馳《は》せ、勇気をいただいては〝私も頑張ろう〟と心に期する昨今です。

（たかお・れいこ）

名誉会長の心が、未来を担う若い人々に受け継《つ》がれていけば明るい社会が開かれる

池田　俊正（「夕顔運動」佐賀県本部世話人代表）

私は、〝子どもたちの心を育てたい〟との願いから、県内の小学1年生たちに夕顔の種を贈る「夕顔運動」に取り組んでいます。

この運動は、「夕顔の咲く時間には、おうちへ帰ろう」との思いを込めて始まったもので、昨年（平成21年）で20周年を迎えることができました。

昨今は、〝自分さえよければいい〟〝他人は関係ない〟という利己主義が、蔓延《まんえん》しているように思えてなりません。

私自身、小学校や養護学校の教育に携《たずさ》わり、心の大切さを伝える教育を心掛けてきただけに、今の時代状況に心を痛める一人

です。そんななか、〝心と心を結ぶ対話〟を重ねてこられた池田名誉会長の行動は、社会の模範であると思います。

私が長年、愛読する聖教新聞にも、地域や社会に貢献される会員の話題があふれています。

その根幹には、名誉会長が教えてくださる相互に助け合う「利他の精神」が貫かれています。そうした皆さまの行動に、共感せずにはいられません。

聖教新聞に掲載された「わが友に贈る」にも、「わが人生の栄冠は／財産や地位ではない。苦しみ悩む人に／どれだけ真剣に／尽くしたかである」とあり、感銘を受けました。この言葉の実践こそが、現代の社会、教育に最も求められていることではないでしょうか。

池田名誉会長の心が、未来を担《にな》う若い人々に受け継《つ》がれていけば、明るい社会が開かれるに違いありません。

「人に尽くす」――この名誉会長の精神に呼応し、私自身も教育運動に一層、力《ちから》を注いでいきたいと思います。

（いけだ・としまさ）

人間の〝心の変革〟を訴え広げてきた、学会の平和運動こそ、世界の希望

山口　源次
（伊万里市社会福祉協議会元副会長）

私は昭和12年、18歳の時に戦争で東南アジアへ出兵。戦争の恐ろしさ、悲惨さを身に刻んだ一人です。絶対に同じ過ちを繰り返してはならないと思い、願っています。

しかし今、世界に目を向けて見ると、人類は2度の世界大戦を経ながら、その教訓は生かされず、いまだに戦争やテロの悲劇が続いています。

そうした国際情勢にあって、池田名誉会長は長年、識者との対話を通して、平和への実現に向けて尽力しておられます。

その功績はあまりにも大きい。それは現在、世界中から名誉会長を顕彰《けんしょう》する報道が、毎日のように聖教新聞に紹介されている通

りです。

なぜ、世界が名誉会長の行動や学会の平和運動に注目するのか——。その答えは、DVD「人間外交の輝き」と、名誉会長の会長就任50周年を祝賀する本部幹部会（衛星中継）を拝見して、はっきりと理解できました。

衛星中継で見た青年たちとの温かな交流。DVDでの元ソ連大統領のゴルバチョフ氏らとの人間的な触れ合い。相手が政治家でも、民衆であっても名誉会長の真心あふれる姿勢は変わりません。

私は、こうした名誉会長の実践を通して、心と心を結ぶ民間外交の重要さを再認識しました。そして、〝一人の心の変革が地域や社会を変える〟——この学会の「人間革命」の精神に深い共感を覚えたのです。

人間の〝心の変革〟を訴え広げてきた、池田名誉会長の平和運動こそ、世界の希望なのです。その精神を受け継《つ》ぐ青年に、心から期待しています。


（やまぐち・げんじ）

長崎

NAGASAKI

青年を主体にした学会の平和運動の意義はあまりにも大きい

内田　伯

（長崎の証言の会代表委員）

核兵器は、通常兵器とは一線を画する「破滅装置」です。人類という種の絶滅をも可能にする「悪魔の兵器」と言えます。

あす（平成15年）、長崎は58年目の原爆忌を迎えますが、今日までの反核運動にあって、創価学会の行動は、広範な民衆に、常にこの核兵器の本質を鋭く突き付けてきた画期的な運動でありました。なかでも、池田名誉会長の平和行動に共鳴し、長崎・広島市が協力して世界各都市で巡回した「核兵器——現代世界の脅威展」はその象徴でした。

また、絶望と死の淵《ふち》から生還した者が語る体験は、尊い生命を奪われた者や、記憶を語り得ぬ同胞《どうほう》の叫びを代弁する勇気の声です。

私の父と弟妹は、爆心地で即死。遺骨さえ粉塵《ふんじん》となり、原子野に散りました。当時15歳だった私も、爆心地から1・4キロ地点で被爆《ひばく》しました。

生き残った者が果たす使命は、心に刻《きざ》み付けた地獄絵図を、生涯語り抜くことであると考えていた私は、長崎の原爆資料館等で平和推進事業を続けてきました。それだけに、学会の平和運動には、宗教や立場を超えて共感できます。長崎青年部が編さんした5冊の証言集はすべて読了し、〝核の脅威展〟にも資料を提供してきました。

先月は、長崎青年部の被爆証言集が、装《よそお》いも新たに『平和への祈り』と題して出版され、私も序文を記させていただきました。

今の〝平和〟な社会は、不幸にも若い世代が真の平和について考えることを妨《さまた》げてきたように思います。

人々が原爆犠牲者の声に耳を傾け、生命の次元から痛みを共有しなければ、戦争やあらゆる惨劇《さんげき》の根を絶つことはできません。

青年を主体にした学会の平和運動の意義はあまりにも大きい。今後も世界の平和運動をリードする活躍に期待します。

（うちだ・つかさ）

「法華経の心」を現代に蘇《よみがえ》らせ世界の知性をリードする哲学に驚嘆《きょうたん》

清野　直之

（「経営21」代表
中小企業診断士）

経営コンサルタントを務めて13年になります。職業柄、仕事では的確で確信あるアドバイスが不可欠です。そこで、参考にさせていただいているのが、聖教新聞紙上に掲載される池田名誉会長のスピーチです。

聖教新聞は、20年前から愛読しています。もともと老荘思想や法華経に関心があったこともあり、共感する内容が多く、今も切り抜きを続けているほどです。

特に、仏法では外的な権威や教条主義ではなく、人間自身の尊厳や可能性に光を当てており、積極的に人生を生きる豊かな知恵を教えています。まさに「人間のための宗教」と言われるゆえんもここにあります。

その「法華経の心」を現代に蘇らせ、世界の知性をリードする池田名誉会長の哲学は驚嘆に値《あたい》します。会談相手のことを十二分に知り抜き、的確で心をつかむ励ましを贈る包容力。先見の明と深い洞察《どうさつ》に基《もと》づいた言動……。これこそ今の世界が、求めてやまない模範であると言えます。私もよく、経営者を対象とした講演や学習会等で、引用させてもらっています。

　池田名誉会長の平和への哲学と行動を称賛する世界各国の学術機関からの名誉博士・教授称号[5]は、まもなく１６０に及び、世界中の都市からも、主義主張を超えて３５０以上の「名誉市民」称号[6]が贈られています。日本はもちろん、世界にも例はなく、今後も容易《ようい》にないであろう前人未到《みとう》の壮挙《そうきょ》と感嘆、敬服します。私自身、このような稀有《けう》の人物と同時代に生きていることを感謝しています。

　混迷する世界に平和と真の安定をもたらす道標としての池田名誉会長の哲学と行動は、今や世界１８８カ国・地域[7]に及んでいます。その平和への道を地涌の菩薩である創価学会の皆さまが受け継《つ》ぎ、発展させることを心から希望します。

（きよの・なおゆき）

「教育提言」は、教育に真剣に取り組もうとする者にとって必読の書でありましょう

田中　正明
（長崎女子短期大学学長）

朗《ほが》らかで献身的。それでいて一途《いちず》に学び続ける——そんな創価学会の人々の姿勢に心引かれ、親しく交流を重ねています。

今年（平成16年）、女性平和講座で講師を務め、皆さんと共に「生涯学習」「生涯教養」の素晴らしさを確《たし》かめ合いました。

また、知人の五島《ごとう》の壮年は、子どもたちの健全育成を願い、ソフトボールを支援。チームを県優勝にまで導いた献身的な努力に感動しました。

高校教諭の会員は、誠実な実践家の鑑《かがみ》。中国の時代の到来を信じて培《つちか》った語学力で、廈門《アモイ》の大学に招かれ、日本文化の教授として多くの学生の尊敬を集めました。

地域文化は「やすらぎ」を与えることが大切であり、人々に〝ここで生き続け、ここで死んでもよい〟と感じさせる本物を志向すべき、という文化重視論を語ったのは、ある女性会員。彼女の学会員として生きる姿は誇りに満ち、凜《りん》としています。

聖教新聞を読むと、会員一人一人の思想と行動が、創価の世界で磨かれたものであり、ここから「ひたむきさ」が醸成《じょうせい》されていることがよく理解できます。私も池田大作先生の、啓示に満ちた「教育提言」は、常に座右に置き、しばしば繙《ひもと》きます。

特に「仮想現実の氾濫《はんらん》がもたらす弊害《へいがい》」の章では、最近の少年事件を鋭く予見しています。その解決策として「人生経験に通底する読書体験」の章も、大変に参考になります。戸田城聖先生の「書を読め、書に読まれるな」という箴言《しんげん》は、心に響いて離れません。「教育提言」は、教育に真剣に取り組もうとする者にとって必読の書でありましょう。

学会の人々との絆《きずな》を通して、組織の価値は「共有する文化レベル」で測られることをしきりに思います。何よりも教育と文化を大切にする実践的な組織として、輝く未来を創造してください。（たなか・まさあき）

名誉会長には「環境国連」など環境問題の本質を見通した理念があります

鴨川　誠
（「日本野鳥の会」長崎県支部長
名城大学特任教授）

私の父が鳥好きで「日本野鳥の会」の設立（昭和9年）当初から参画。私も生まれた時から入会しており、4月（平成17年）で70年になります。支部長となって20年。九州で最も鳥の種の絶滅が多い長崎で、その生息環境を守る活動を続けています。

多くの出会いのなか、創価学会の皆さんの熱心さに引かれ、聖教新聞を愛読してきました。その論調もまじめで誠実。問題の本質を的確にとらえています。

とりわけ、私の専門である環境問題については「生命の尊厳」「依正不二」といった深い観点から論じています。人間以外の他の生命をも尊び、環境を人間自身の問題としてとらえる視座《しざ》に深い感動を覚えます。

特に、池田名誉会長には「環境国連」など、環境問題の本質を見通した理念があります。一貫してイデオロギーや国境を超えて真剣に提言を持続しておられ、「人類益」「地球益」を守る立場で行動する姿勢が信頼できるのです。

「鶴の北帰行」をご存じでしょうか。鹿児島県出水《いずみ》市に飛来する鶴たちは、春になると九州の西海岸や韓国の沿岸伝いに、シベリアの湿原《しつげん》へ帰っていきます。鳥には国境などないのです。同様に、環境問題解決の研究も、国境を越えて続けなければなりません。私は昭和47年から、池田名誉会長ともつながりの深い韓国・慶熙《キョンヒ》大学の教授と、共同研究を続けてきました。

未来の暗雲を払いのける鍵《かぎ》。それは人間自身がエゴイズムを超克《ちょうこく》し、世界の良識との連帯を広げていくこと――これは名誉会長の主張であり、長年、環境問題の第一線で活動してきた私の信念でもあります。

これからも学会の皆さんが名誉会長と共に、この姿勢を貫く限り、学会は発展するし、他者を大事にする気風も社会に取り戻せると強く期待する一人です。

（かもがわ・まこと）

市民の視点で平和・文化・教育運動の先頭に立つ、学会の活躍に期待します

種田　和夫（「小さな美術館」館長
彫刻家）

壱岐《いき》はその昔、日本に大陸文化を伝える窓口となり、九州の文化発祥《はっしょう》の一翼《いちよく》を担ってきました。

この〝文化の島〟の歴史を未来に残したいとの思いから、中学校の美術教師を定年退職した12年前（平成6年）に、妻と二人で美術館をオープン。現代美術や壱岐出身の代表作家の作品を展示しています。

文化や芸術は、人種や言語を超え、人と人をつなぐ素晴らしい魅力を持っています。

以前、モスクワを訪れた時、通訳をしてくれた大学生が『源氏物語』について熱心に語ってくれたことがありました。

異国の地で、私たちの持つ文化に惹《ひ》かれ

ている人がいる――あの時の驚きは忘れられません。

壱岐での「世界の少年少女絵画展」（平成10年）や「自然との対話――池田大作写真展」（平成13年）「世界の絵本展」（平成18年）を観賞《かんしょう》した時も、新鮮な感動との出合いがありました。

池田名誉会長が撮影された写真は、被写体が一番輝いている瞬間をとらえているようで、自然のぬくもりや光の美しさに引き込まれました。

日本には四季の美しさがあり、そこからさまざまな文化が生まれてきました。食文化を彩《いろど》る農作物も一種の〝芸術品〟。文化は、人間が人間らしく生きる糧《かて》であるというのが、私の考えです。

創価学会が推進する展示活動は、心を耕《たがや》し豊かにする芸術や文化との触れ合いを、多くの人に開放し、より身近にしています。ぜひ壱岐で、毎年開催していただきたいと思うほどです。

文化の興隆は草の根の広がりなくしては語れません。これからも、市民の視点で平和・文化・教育運動の先頭に立つ、学会の活躍に期待します。

（たねだ・かずお）

中日間の留学は、アジアの未来を開く人材育成であり、最初に門戸《もんこ》を開いたのは創価大学です

堺　蘭
（長崎外国語短期大学講師）

中日平和友好条約の締結から5年後の1983年（昭和58年）、交換講師として京都の大学に留学しました。

隣国とはいえ、文化や生活習慣の違いに、正直戸惑いました。親元を離れ、孤独を感じていた時、親身になって世話をしてくれる家族と出会いました。一家は学会員でした。あの時、受けた真心は忘れません。

現在、日本で学ぶ中国人の留学生は約8万人。中日間の留学は、アジアの未来を開く人材育成であり、最初に門戸を開いたのは創価大学です。周恩来総理と池田名誉会長の友誼《ゆうぎ》と、多くの中日関係者の相互理解と信頼によって、今に続く友好があるの

です。中国では、創価大学への留学は競争率が高く、創大留学の経験者は、学術界で高い評価を受けています。

中国人が尊敬する周総理。〝人民の総理〟が晩年、中日両国の未来を託した一人が名誉会長です。名誉会長を尊敬し、深く信頼を寄せる中国人は多くいます。

私は大学で中国語を教え、地域でも中日の比較文化等を講演。また年に数回、中国の大学で日本事情に関する講義を担当しています。

中国人の学生が私に質問をしました。

「先生は日本人を恨《うら》みますか?」


第二次世界大戦時、日本軍の爆撃によって、私は祖父母を亡くしましたが、こう答えました。「戦争を憎みますが、日本の民衆も被害者です。過去の不幸だけにとらわれていては、未来の平和はありません」

本当の友好関係を築くには偏見《へんけん》をなくす。互いに理解し、信頼する。直接、対話することが必要です。

私自身、学会婦人部の方と親しく語らいを重ねています。明るく希望を持った生き方に共鳴を覚えるとともに、家庭から社会へと平和を広げていく学会の運動に期待しています。

(さかい・らん)

名誉会長の民間外交は世界規模の平和外交であると言えます

本島　等（元長崎市長）

私が池田名誉会長と初めてお会いしたのは、１９８０年（昭和55年）４月のことです。第５次訪中から帰国された名誉会長の長崎市の滞在先を訪れました。

名誉会長のよく通る声、話の分かりやすさが非常に印象に残っています。人間的な魅力にも、強く引き込まれました。

以来、82年（昭和57年）３月に大阪、５月に長崎で会見。87年（昭和62年）にはモスクワで開催された「核兵器――現代世界の脅威展」の開会式に向かう機中で身近に接する機会がありましたが、いつも変わらない誠実な立ち居振る舞いに敬服しました。

現在まで、私は被爆都市の市民として反

戦・平和を訴え続けています。そのなかで、多くの平和運動家や団体、学者と接してきました。なかでも、ひときわ目を引くのは学会員、なかんずく名誉会長です。

名誉会長は、誰もが分かる言葉で平和を論じますが、高度な内容で現実性がある。しかも、言葉が行動に裏打ちされています。

名誉会長の民間外交は、世界規模の平和外交であると言えます。

海外で平和運動を展開していた時、十分に実感できました。恒久平和を希求するならば、偏見を捨てて、学会の平和運動への行動力、影響力に目を向けるべきだと考えます。

核兵器廃絶を叫ぶ前に、核兵器を使う状況を生み出す戦争を起こすことに反対しなければなりません。日本が戦争を始めなければ、2度の原爆でさえ落ちなかったのですから。

不戦の環境をつくるために、学会員をはじめ大勢の市民が宗教や組織の枠《わく》を超えて協力し合う必要があります。連帯は力《ちから》です。

池田名誉会長が、いつまでも健康で長生きされ、世界平和のリーダーシップを発揮していただくことを願ってやみません。

（もとしま・ひとし）

共存共栄を求める心の向上に努力されている稀有《けう》の人

尾崎　嘉生
（長崎県書店商業組合副理事長）

　長年、書店経営に携《たずさ》わっていますが、今日ほど活字文化の衰退が危惧《きぐ》されている時はありません。
　映像やインターネットなどの通信技術の発展に伴って、今では〝ちょっと時間があるから本でも〟という方は、少なくなったように感じます。
　現代では、自己中心的な考えで他人を犠牲にした事件が絶えず、他人の苦悩に心を痛め、思いやる気持ちが欠落しているように思えてなりません。
　そこに、読書の必要性があると実感します。読書は、先人の人生や思想を追体験でき、創造力や人間性を豊かにしてくれるものだからです。

池田名誉会長が著作家として、活字文化の復興とともに、読書の大切さを訴えている点に共感を覚えます。

私は約20年前から、聖教新聞を読んでいますが、紙面には名誉会長が執筆した随筆や連載小説が掲載されています。その一貫した言論活動に驚きを禁じ得ず、名誉会長の著作物が日本だけでなく海外でも愛読され、世界中に広がっていることに敬服いたします。

名誉会長は執筆だけでなく、行動する思想家として、宗教やイデオロギーの違う国々を訪問し、国家元首や各国の識者と対話を重ねています。この対話による精神的な絆《きずな》の広がりが、世界平和の潮流となることは間違いありません。

池田名誉会長は、共存共栄を求める心の向上に、努力されている稀有の人、と強く感じます。

今後とも、名誉会長のより一層のご活躍を願ってやみません。

（おざき・よしお）

名誉会長は平和の心を世界に広げる現代宗教界の巨人です

船山　忠弘
㈶長崎平和推進協会副理事長

私は40年ほど前、長崎の放送局の記者として、原爆や被爆者の報道に携《たずさ》わるなかで、創価学会青年部の平和運動を知りました。以来、今日まで青年部や婦人部が主体となり、反戦出版や展示活動などを通して、核の廃絶や恒久平和を訴え続けてきたことに共感します。

とりわけ印象に残っているのは7年前（平成14年）、長崎市で開催された「ライナス・ポーリングと20世紀展」です。私自身、1976年（昭和51年）にポーリング氏に直接、インタビューした経験があり、つぶさに同展を観賞しました。

池田名誉会長とポーリング博士が、人間

の生命に光を当て、仏教者や化学者としての立場を超え、反戦・反核運動の共闘を誓い合った内容に、深い感動を覚えました。

1000人以上の被爆者を取材した私は、核抑止論《かくよくしろん》に基《もと》づいた核兵器は〝必要悪〟という思想は誤りで、核兵器は人類と共存できない〝絶対悪〟との確信に至りました。

これは、仏法に基づいて生命尊厳を最重視する学会の平和理念と相通ずるもの、と理解しています。

池田名誉会長は、平和の心を世界に広げる現代宗教界の巨人です。

人間の胸中に平和の砦《とりで》を築こうと、世界各国の指導者と直接会い、対談されている。その草の根の平和ネットワークを広げることこそ、核廃絶や世界平和に向けた確かな道のりと確信します。

人類の英知をもってすれば、核兵器を無くすことができます。核の脅威のない世界へ、21世紀の平和運動をリードする活躍を願ってやみません。

（ふなやま・ただひろ）

子どもの可能性を引き出す教育が求められる今こそ創価教育の精神が輝きを増す

松尾　陽一（いなさ幼稚園園長）

私は、幼児教育に携《たずさ》わって27年になります。当園は、地域の方に親しまれたおかげで今年（平成21年）、創立82周年を迎えました。

貴会とは長崎平和会館で開かれた〝近隣友好の集い〟に出席したことがきっかけで、交流を始めて20年近くになります。長崎市で行われた「ライナス・ポーリングと20世紀展」（平成14年）や「平和の文化と子ども展」（平成20年）などにも参加しました。

催事を通して、池田名誉会長が世界を舞台に、縦横《じゅうおう》無《む》尽《じん》に活躍される姿に大変、驚きました。

名誉会長は、国家指導者や世界的な著名

人と深く交わりつつも、庶民や子どもに対しても接し方が変わらない。その振る舞いに、真のリーダーの在り方を学ぶ思いです。

私が接してきた会員の皆さんも純真な人ばかり。その中に、保護者会の役員を務める方もいますが、何事も真剣に取り組む姿に〝さすが、名誉会長のお弟子さんだ〟と感心しています。

私は、子どもの成長のための環境づくりこそ、教育者の最も大切な役割と思っています。だからこそ、牧口初代会長が提唱した「子どもの幸福のための教育」の理念に共感せずにはいられません。

先日、米寿《べいじゅ》を迎えましたが、現在も第一線に立ち、子どもたちが想像力を働かせるような示唆的な話を心掛けています。

子どもの可能性を引き出す教育が求められる今こそ、創価教育の精神が輝きを増すに違いないと確信します。

貴会が明年（平成22年）、創立80周年を迎えると伺《うかが》いました。どうか、会員の皆さんが自信と誇りを持ち、社会で存分に貢献されることを願ってやみません。

（まつお・よういち）

無私の人であり地球規模の度量を持った人と敬服

鐘ケ江　管一
（雲仙岳災害記念館名誉館長）

雲仙普賢岳《うんぜんふげんだけ》の自然災害を通して、防災意識の向上を訴え続けて、今年（平成22年）で17年。全国各地で行った講演は、1000回を超えました。

平成3年6月、雲仙普賢岳の噴火で発生した大火砕流の惨事は、今も脳裏に焼き付いて離れません。

当時、島原市長として災害対策の指揮を執《と》っていました。国や県からの協力とともに、市民やボランティアの方に支えられ、復興への端緒《たんちょ》を開くことができました。

なかでも、学会青年部の物資輸送や被災者の激励など、献身的な支援活動は目を引きました。

日ごろから、〝人のため〟〝地域のため〟を考え、まじめに行動しているからでしょう。すべては、池田名誉会長の人材育成の賜物《たまもの》と拝察しました。

私は昭和57年5月、諫早市《いさはや》を訪問された名誉会長とお会いする機会がありました。名誉会長の誠実な人柄に触れて、当時の一部マスコミが報道していた中傷記事は、すべて事実無根と確信しました。

宗教や信条の違いを超越《ちょうえつ》して、同じ人間という温かな眼差《まなざ》しを持っておられる。池田名誉会長は無私の人であり、地球規模の度量を持った人と敬服せずにはいられません。

名誉会長を師と仰《あお》ぐ青年が、平和活動や地域貢献に尽力しています。創価の青年たちの行動は、一市民として本当に心強い限りです。

今後も皆さんと手を携《たずさ》えて、共に活力あふれる街づくりを、と心から願ってやみません。

（かねがえ・かんいち）

熊本

KUMAMOTO

人間性を高める文化や芸術の交流の窓を世界に開く活躍に、一層の期待

坂田　燦
（熊本県立美術館副館長）

文化や芸術は、あらゆる差異を超えて万人に伝わる〝共通語〟であると言えます。それは、作者の人間性やメッセージが凝《ぎょう》縮《しゅく》され、作品の中で〝生きている〟からです。

だからこそ世界の文化や芸術に触れることは、心に潤《うるお》いを与えるだけでなく、異文化の理解と友好の輪を、さらには平和を築く第一歩になると思います。

これまで熊本県立美術館では、池田名誉会長が創立された富士美術館・東京富士美術館の所蔵品による「富士美術館名品展」（平成3年）、「特別ナポレオン展」（平成12年）、「西洋絵画の400年展」（平成14年）

が開催されました。

名誉会長の誠実な友誼《ゆうぎ》によって、世界各国の貴重な収蔵品や国宝級の名作の展示が実現し、多くの方々が感銘を受けました。

このような〝開かれた〟展示は、市民に大きな反響を呼びました。さらに、展示スタッフとして携《たずさ》わった地元会員の方の行動は、心を配った好感の持てるものでした。

展示を通して、創価学会が一体となって平和推進に尽力する姿を垣間《かいま》見る思いでした。また熊本平和会館で行われた「世界の少年少女絵画展」（平成11年）、「世界の絵本展」（平成14年）なども興味を持って観賞しました。

私は教員を経験したこともあり、未来を担う子どもたちの心を育《はぐく》むことは、親や大人の責務であると痛感しています。

特に、暗い世相ばかりがクローズアップされる今日だからこそ、心を豊かにする教育、文化、芸術に触れる機会は重要ではないでしょうか。

グローバル化が進み、国際交流や平和構築に関心が集まる時代にあって、人間性を高める文化や芸術の交流の窓を世界に開く活躍に、一層の期待を寄せています。

（さかた・あきら）

平和の理念を貫き世界にその運動を広げている創価学会の活躍に共感

長岡　秀則
(有)ソルト・ファーム代表

私は天草《あまくさ》在住ですが、約20年前まで、フォトジャーナリストとして海外を巡るなか、平和と教育の重要性を認識してきました。

戦争終結後のベトナムやカンボジア紛争、南アフリカのアパルトヘイト……。現地での最大の被害者は罪のない市民たちであり、子どもたちでした。

国にとって最大の利益は平和であり、それが争いによってもたらされることなど、絶対にありません。「不戦」「平和」の叫びは近年、ひときわ大きくなっていますが、一方で争いも起こり続けています。

この暗く不透明な時代のなかで、平和の理念を貫き、世界にその運動を広げている創価学会の活躍に共感を寄せています。

創価学会との出合いは、30年以上前になります。当時は、まだ国交回復をしていなかった日本と中国に関する論議が盛んでした。大学生であった私も、この問題について多くの人と議論を戦わせたものです。

学会の青年部の方とも、何度も夜明けまで語り明かしました。そのなかで牧口初代会長の教育論や、平和を模索《もさく》する学会の生き方に触発を受けた思い出が、今も鮮《あざ》やかに残っています。

さらに1968年（昭和43年）、池田名誉会長が発表された日中国交正常化への提言に驚きました。その内容は画期的なもので、平和を貫く確固たる信念に感動しました。名誉会長がその後、周恩来総理と会見され、国交回復の道筋をつけられたことは周知の通りです。

一昨年（平成14年）、福岡で開催された「周恩来展」を見て、日中友好に対する信念と実績が、今も着実に築かれていると実感しました。

平和実現のためには、歴史に学び、争いを繰り返さないこと。そして学会が推進するような、地道で着実な運動が、ますます重要になると思います。（ながおか・ひでのり）

学会婦人部の皆さまの行動は
そのまま地域の教育力を
活性化する実践である

松本　富子
（熊本県地域婦人会連絡協議会副会長）

近年、少子化が加速度的に進むなかで、社会の〝教育力〟の低下が憂慮《ゆうりょ》されています。さまざまな原因が挙げられると思いますが、地域での婦人同士の結びつきが薄れていることも一つの要因だと思います。

本来、地域には〝教育力〟が満ちあふれていました。年配者から若い母親までが集う婦人会は、代表的なものです。

かつては、その力《ちから》を生かして〝地域の子どもは地域で育てる〟という意識が強くありました。しかし、今は核家族化、夫婦共働きの増加で、地域と各家庭の結び付きが弱くなってきています。特に出産や子育ては、母親一人が抱え込んでいるのが現状です。

私は、少子化が進む今こそ、地域の「教育力の活性化」のために婦人の連帯を広げなければ、と婦人会活動を続けています。

こうした思いを抱くなかで、創価学会との出合いがありました。なかでも婦人部の皆さんは、世代を超えて団結し、さまざまな形で地域に開かれ、根差した活動を展開されています。

最も感銘を受けたのは、学会婦人部の皆さまの行動は、そのまま地域の教育力を活性化する実践である、ということです。

過日（平成17年）、宇城《うき》市で開催された「世界の少年少女絵画展」なども、その好例でしょう。

池田名誉会長夫人の著書『香峯子抄』を読みました。夫を支え、家庭を守り、他者に奉仕する模範的な女性の生き方は、学会婦人部の皆さまの姿に通じていると実感しました。

今後も互いに協力しながら、未来を託す子どもたちのため、そして地域の発展のために行動していきたい、と念願しております。

（まつもと・とみこ）

良き師を範として世界中に友好を広げる学会に宗教のあるべき姿を見る

筑紫　汎三（熊本県国際協会理事長）

31年前（昭和51年）に韓国との文化交流を目的とした「熊本無窮花《ムグンファ》の会」を発足して以来、現在に至るまで熊本県の国際交流の推進に携《たずさ》わってきました。

一口に国際交流と言っても、異文化の違いを認め、受け入れ、正しく理解することからしか始まりません。

その点、学会の皆さまは、文化・社会活動を通して、日常的に他者を認め、理解する行動を続けておられる。だからこそ、国や民族、人種を超えて、草の根の民間交流を積極的に進められるのではないでしょうか。

平成15年12月、当会で韓国との交流推進のため、熊本でテコンドーと空手に励む小学生を連れて韓国の忠清《チュンチョン》大学を訪問しました。

同大学は、世界のテコンドー界では有名ですが、韓国では地方の一大学であり、日本でも有名とは言えません。

その大学の構内に池田名誉会長の銅像が立っていたのです。これには、大変に驚きました。

その事実から、名誉会長と学会が、いかに韓国社会で受け入れられ、信頼されているかを知り、共感を強めたのです。

中国の『論語』に「温故知新」（故《ふる》きを温《たず》ねて新しきを知る）という言葉があり、それを実践する人こそが、師にふさわしい人とされています。そして「学ぶ」の語源は「まねる」。人は、良き師を手本として、「まね」ながら成長していくのです。

私は、名誉会長こそ、〝その人〟だ、と思っています。仏教という古来の教えを現代に蘇《よみがえ》らせ、新しい価値を創造されている。

池田名誉会長を良き師として、世界中に友好を広げる学会に、宗教のあるべき姿を見ます。

（ちくし・はんぞう）

名誉会長のように人生で規範となる師の存在は絶対に不可欠

福本　厚子
（社団法人　熊本県歯科衛生士会会長）

私たち歯科衛生士は、歯科医院や保健所などで、診療補助と予防・保健指導を行います。当会は、歯科衛生士の技術の向上とともに、皆さまの歯・口腔《こうくう》の健康を守るための活動を地域で展開しています。

貴会のことを知ったのは、私が歯科衛生士を目指す学生時代に、お世話になった先輩を通じてでした。長年、その方との触れ合いや聖教新聞を読んで理解を深め、展示会にも数回参加しました。

特に感動したのは、昨年（平成20年）、熊本で開催された「平和の文化と女性展」です。女性が尊重される社会を目指す学会婦人部の活動と、池田名誉会長の世界を舞台にした平和行動に強い共感を覚えました。

能力があっても、結婚や出産で思い通りに社会で活躍できない女性が多いのが現実です。私たち歯科衛生士も女性がほとんどであり、仕事と家庭の両立に悩んでいる方が数多くいます。

ですから、多くの女性が活躍する社会になってこそ、本当の「平和の文化」は築かれる、との主張が心に響きました。

そして、会員のお一人お一人が名誉会長を師と仰《あお》ぎ、地域の発展や人々の幸福のために行動されていることを称賛せずにはいられません。


私たちも、地域の皆さまの健康を守るために、技術だけでなく、自らの心を磨くことが重要であると考えます。

そうした観点から、池田名誉会長のように、人生で規範となる師の存在は絶対に不可欠であると確信します。

今後も皆さまの幅広い活動に期待しております。


（ふくもと・あつこ）

庶民を基盤に
平和・文化・教育の活動を
推進する学会の役割は大きい

三浦　信之
（宇土市民会館館長
NPO法人　宇土の文化を考える市民の会理事長）

宇土《うと》市民会館の運営が指定管理者に移行後、私が館長に就《つ》いて1年半になります。現在、〝市民による市民のための文化ホール〟として市民の代表も企画・運営に参加していただいております。

この取り組みは、地方の新たな発展の可能性を示すものとして、全国で反響を呼んでいます。

そんな挑戦を続けるなかで、大いに勇気づけられたのが昨年（平成20年）9月、民音が企画した「花やから」の公演です。

内容もさることながら、それ以上に感動したのは、役員の方々の振る舞いです。

来場者一人一人を温かく迎える様子や、

終了後、館内の隅々まで清掃されている姿に、われわれに対する敬意と文化・芸術への愛情を感じ、ことあるごとに職員にも語ったものでした。

今年（平成21年）4月、民音創立45周年の記念番組をテレビで拝見して、その行動の源流を垣間《かいま》見た思いです。

民音の創立者である池田名誉会長が、文化・芸術を通して世界の平和を実現する理念に燃えて、自《みずか》ら世界の識者と交流し、各国の格調あふれる民族舞踊などの公演を実現させてきた事実。

そして、多くの庶民が本物に触れる機会をつくってこられた歴史に、深く敬意を表さずにはいられません。

日本の20世紀は戦争の時代でした。その愚《ぐ》を繰り返さないためにも、文化や芸術を通して、本当の心の豊かさを育《はぐく》む活動が、ますます重要になってきていると思います。

その意味で、池田名誉会長を先頭に、平和・文化・教育の活動を推進する学会の役割は大きいと思います。今後のさらなる発展を期待しています。

（みうら・のぶゆき）

学会の皆さまの温かさと包容力こそ私たちの人生の手本

松藤　陽子
（阿蘇白水郷美術館館長）

本年（平成22年）、阿蘇《あそ》白水郷美術館が設立されて10年を迎えました。8年前からは、次代を担う芸術家の応援のために、常設展を廃止。企画展のみの構成にして、新しい才能の発表の場を提供するなど、芸術振興に取り組んできました。

当館の運営で、さまざまな方の応援をいただくなかで、地元・阿蘇の婦人部をはじめ、学会の方々とも親しくさせていただくようになりました。

学会の皆さまからは、たくさんの触発を受けます。人生を真っすぐに生き、自分の周りの人々に気を配り、幸福の輪を着実に広げていらっしゃいます。その心の温かさ、包容力に、信仰という人生の〝芯《しん》〟をもつ素晴らしさを感じます。

池田名誉会長は、東京富士美術館や民音を設立され、庶民が最高の芸術に触れる機会を広げてこられました。

私もたびたび民音公演を拝見してきましたが、世界の最高の芸術と庶民をつなぐ、見事な舞台に毎回感動し、その努力を心から称賛せずにいられないのです。

学会の出版物や名誉会長の著作を読むと、宗教や人種、国などの枠《わく》にとらわれずに、さまざまな方と友情を結ばれていることが分かります。

それは、平和を願い、人間を愛する心がなければできません。そんな名誉会長の励ましがあるからこそ、皆さまが、献身の行動に徹することができるのでしょう。

池田名誉会長と学会の皆さまの温かさと包容力こそ、私たちの人生の手本です。私もその姿に学び、自分の糧《かて》としたいと思っております。

（まつふじ・ようこ）

大分

OITA

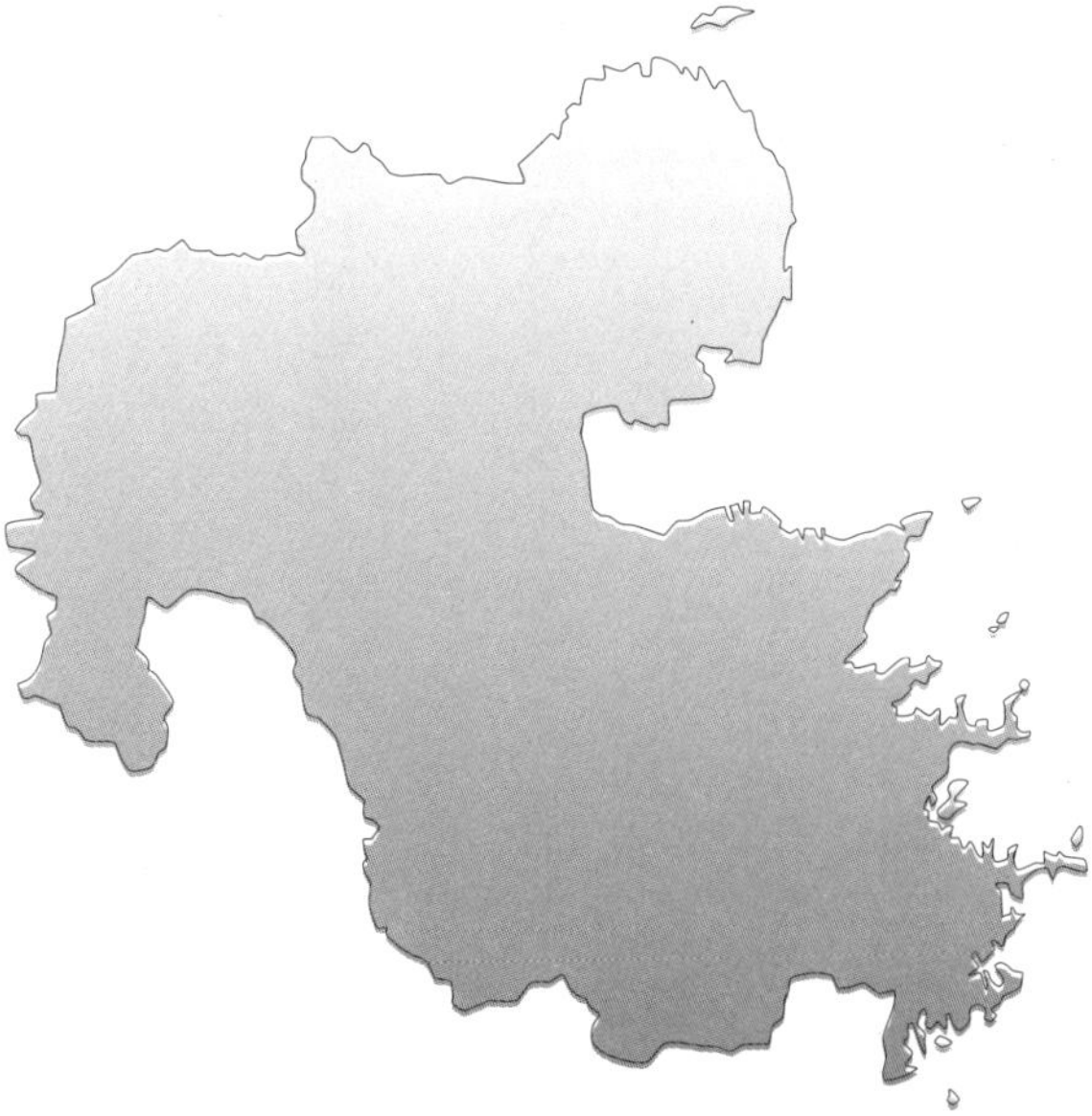

学会が持続的な〝異文化交流〟を進めていることに敬意を表し評価

神山 登（大分県立芸術会館館長）

芸術には国境や人種・民族の違いを超えて、人間と人間を結ぶ力《ちから》があります。世界各国の美術や音楽、そして文物などを通して〝異文化〟に触れ、理解していくことから真の平和は構築されると言えるでしょう。

総じて文化・芸術に対し、自発的・能動的に触れていこうとする姿勢が日本人には希薄《きはく》です。また、自国の素晴らしい文化を紹介することも苦手です。

しかし、池田名誉会長は積極的に世界の識者と対話を重ね、理解の輪を広げられています。創立された東京富士美術館は国内のみならず、海外でも日本の文化を紹介する展示を行っています。このような〝文化・芸術外交〟が、真の〝異文化交流〟と言えるのではないでしょうか。

特に、かつて大阪市立美術館の館長として東京富士美術館と共催した「大ナポレオン展」（平成6年）は象徴的でした。一緒に仕事をするのは初めてでしたが、東京富士美術館が貴重なコレクションを数多く所蔵し、広く一般に公開していることに驚きました。

同時に、名誉会長と世界各国の識者との友誼《ゆうぎ》を通じて国宝級の物品が出品されたことに、あらためて名誉会長の文化・芸術への尽力を窺《うかが》い知ることができました。それは当芸術会館で開催される「ワイルドスミス展」（平成15年）でも言えることです。

異文化を理解することは、地道で根気のいる作業です。しかし、それを避けて平和を築くことはできません。

その意味で「平和・教育・文化」の理念のもとに、学会が持続的な〝異文化交流〟を進めていることに敬意を表し評価したいと思います。

ますます国際化が進む世界にあって、この交流をリードしていく存在として学会の皆さまの活躍を心から期待しています。

（こうやま・のぼる）

池田SGI会長が世界を舞台に実践されている事実を知り認識が一変

工藤　成江
（財幼児開発センター九州ブロック代表幹事）

私の創価学会との出合いは、5年前（平成11年）になります。大分平和講堂で開催された「勇気の証言——アンネ・フランクとホロコースト展」に招《まね》かれた時です。

展示では、池田SGI会長の「感動しました。いいな、それ以上に激怒しました。いな、それ以上に、未来への深い決意をいたしました」との感想が紹介されていました。

大人の争いで罪のない子どもが犠牲になったことに幼児教育者として大変憤《いきどお》りを感じました。同時に、SGI会長の言葉に、大変共鳴いたしました。さらに、会長が世界を舞台に実践されていることを聞き、認識が一変しました。

大分市内の婦人部の若いお母さん方に子育ての話を依頼された時のことです。普通、子ども連れが集まると、子どもが騒いで話どころではありません。でも、学会のお母さん方は、子どもと一緒に真剣に話を聞いてくれました。

子どもの成長のために真剣な母親の姿。何げない会話の中で普通に交わされる「正義」や「他人の幸福」といった言葉。ほかでは考えられません。常にそのような環境に触れている子どもたちが真っすぐに育たないわけがありません。

50年以上、乳幼児教育に携《たずさ》わっていますが、常々、子育てに大事なのは「三つ子の魂百まで」だ、と訴えています。

「自由に伸び伸びと育てる」と言えば聞こえは良いが、間違えば放任主義になります。乳幼児の時にきちんと躾《しつけ》をしないと遅いのです。それが、アパートの一室の小さな学会の集いで実践されていました。その感動は今も忘れられません。

学会の皆さまは、子どもの未来のために平和な社会の建設を、と日々活動されています。その思いと人々の輪が幾重にも広がり、世界の平和につながっていくことを願ってやみません。（くどう・なるえ）

文化・芸術を通して世界的な規模で人の心の触発を続ける創価学会を高く評価

小長　久子
（大分県県民オペラ協会会長
大分大学名誉教授）

大分県県民オペラ協会を創立して明後年（平成19年）で40年を迎えます。大分の文化を県民はじめ日本・世界に広く伝えたいと願って始めたものです。

　これまで、民話で有名な吉四六《きっちょむ》さんや滝《たき》廉太郎《れんたろう》ら、郷土の人物を題材としたオペラを手がけ、日本各地はもとよりイタリア、中国など海外でも公演を重ねてきました。

　そのなかで、国境を超えても人間同士の心は、こんなにも近いのか、と感じました。言葉が通じないはずの海外でも、笑う箇所でちゃんと笑ってくれます。心が通じ合う喜びこそ、文化・芸術交流の醍醐味《だいごみ》ではないでしょうか。

文化交流の大切さを実感する私は、創価学会の平和・文化活動、また民音や東京富士美術館の文化・芸術活動に敬意を表しています。

私は、池田名誉会長撮影の写真展、差別され虐《しいた》げられた人々の人権を守ろうとの展示会や「世界の教科書展」など、多くの展示会に共鳴を覚えながら拝見しました。

また、中国の歌舞団、ウィーンの楽団、東京富士美術館のキャパ兄弟写真展、世界や日本の著名な美術品の展覧会などに接すると、いつも楽しく豊かな心になります。

一つのものをつくり上げるには、大変な労力を使うものだと身に染《し》みて感じます。

池田名誉会長を中心に、世界に友好の輪を広げ、さらに文化の華を大きく咲かせる幅広い活動には、共感します。

文化・芸術を通して世界的な規模で人の心の触発を続ける創価学会を高く評価しています。

人の心を耕《たがや》し、結びつける文化の活動を、ともどもに推進していきたいと念願しています。

（こちょう・ひさこ）

池田名誉会長に対する世界各国の評価の高さは想像を絶する快挙です

古賀　寛（NPO「自然の森づくりをすすめる会」理事長
医学博士）

私は、大分の地でNPO「自然の森づくりをすすめる会」を平成13年に立ち上げ、多くの仲間とともに、植林や無農薬野菜の栽培《さいばい》などの活動に励んでいます。次代を担《にな》う子どもたちに安心・安全な自然環境を残せれば、との願いからです。

私の会の中にも学会の方がいますし、以前からも、多くの学会の知人がいましたが、宗教を根本として人格的に立派な方が多い、と実感しています。また、互いに助け合っていく心が根付いている、と思います。

教育基本法改正の際に、「愛国心」の論議が盛んになりました。私は、学会の中に息づいている「相互扶助」の精神こそが、郷土を愛し、国を愛する心におのずと通じていくのだと考えます。

池田名誉会長の平和行動を紹介する催しや「ホロコースト展」（平成11年）など、学会が主催する展示会は、いつも興味深く拝見しています。

特に、池田名誉会長に対する世界各国の評価の高さは、想像を絶する快挙です。国連からの顕彰《けんしょう》や国家の最高位の勲章をはじめ、世界中の大学から200を超える名誉学術称号*5が贈られていることを知りました。こんなに立派な人物を生み出したこと自体、日本が世界に誇るべき名誉ではないでしょうか。それを、中傷の眼でしか見られない、一部マスコミの無認識ぶりは、実に悲しむべき卑《いや》しさがあると思います。

私は、今後、地球環境を守っていくためには、〝心の教育〟が大事になると信じています。こうした点からも〝心こそ大切〟との哲学を根本とする学会に共感を覚えるのです。

創価学会には、大衆をリードし、日本をリードする使命があると確信します。これまで以上に「正義」を遠慮なく堂々と主張していってほしい、と念願しています。

（こが・ゆたか）

行動で平和の道を示される師を持つ青年たちは本当に幸せ

後藤　佐代子

（NPO法人　大分人材育成・地域文化交流協会国際協力部長）

大分県の職員として長年、農村の生活指導と国際交流に携《たずさ》わってきました。アジアやアフリカなどの農村を訪問し、大分の「一村一品運動」で培《つちか》った技術やアイデアを伝え、主に農業に従事する女性や青年の育成にかかわれたことが、私の人生の大きな財産となっています。

退職した今も、その貴重な経験を生かし、世界各地を訪れ、文化交流のお手伝いをさせていただいております。

人材の育成といっても、教壇の上から講義をするだけでは、意味がありません。育成する側とされる側が一緒に行動し、心と心の触れ合いを通じて、お互いの良いところを学び合う。その繰り返しのなかに、本当の育成があります。

その点、学会は人々が触れ合う〝場〟を持っていらっしゃる。しかも、育成の方針にブレがない。〝生命尊厳〟の哲学が、貴会のなかに一貫して流れています。そして、その人材育成をリードされているのが、池田名誉会長なのだと思います。

聖教新聞を読むと、次代を担《にな》う人材たちへの教訓とも言うべき指針が、隅々《すみずみ》にあふれています。

「わが友に贈る」にも、「世界の平和も／一対一の対話から！」とありました。これを、先頭に立って実践されているのが、名誉会長です。

国や文化、宗教の違いを超えて、世界の一流の知性と友好を結ばれている名誉会長。自身の行動で平和の道を示される池田名誉会長を、師と仰ぐ青年たちは本当に幸せだと思います。

ぜひ、そのことを誇りにしていただきたい。名誉会長の思想と行動を学び、自信をもって世界中の人々と友好を結んでいっていただきたいと、心から念願しています。

（ごとう・さよこ）

SGI会長は「第九」に込められた〝兄弟愛〟の精神を世界に広げてきた実践者

宮本　修（大分県立芸術文化短期大学教授）

毎年、大分の年末を美しい音楽で彩《いろど》る「大分第九の夕べ」は、本年（平成20年）で32回目を迎えます。

私は1回目から合唱を指導し、自《みずか》らも出演しています。約200人の市民が、ベートーベンの「第九」を歌い上げるステージは圧巻です。一人一人が、〝絶望を乗り越えて歓喜に至った〟ベートーベンと自分を重ねて歌うなかで、悩みや課題を突き抜けていくのです。

創価学会九州青年部は、平成6年、同13年、同17年と、3度にわたって「第九」を歌われたと伺《うかが》いました。私も、平成13年の〝10万人の第九〟の際、大分青年部の合唱指導をさせていただきました。

仕事着のまま練習に駆けつける青年。マイクの準備など裏方に徹する青年。集う青年は皆、愚直で、何より〝人のため〟との奉仕の精神があふれていました。これこそ池田SGI会長の薫陶《くんとう》の賜物《たまもの》だと感じました。

長年、貴会が主催する展示会にも参加して、民衆レベルの平和・文化・教育運動に感銘《かんめい》を受けてきました。特に、SGI会長が、宗教や民族の違いを超越し、実に多くの世界の指導者と交流を深めてきた軌跡《きせき》を称賛せずにはいられません。

「第九」には、「すべての人間は兄弟になる」との平和の思想と精神が貫かれていますが、まさに、池田SGI会長は「第九」に込められた〝兄弟愛〟の精神を世界に広げてきた実践者です。

創価の青年が、このSGI会長の真の偉大さをもっと学び訴えていくほどに、貴会の発展はますます不動のものとなっていくでしょう。

（みやもと・おさむ）

芸術の力《ちから》で平和を築きたいとの信念が民音の世界的な発展に結実

伊藤　京子
（「別府アルゲリッチ音楽祭」総合プロデューサー
ピアニスト）

「別府アルゲリッチ音楽祭」は、世界的に著名なピアニストであるマルタ・アルゲリッチが総監督を務め、11回目となる本年（平成21年）も5月11日から24日まで盛大に開催されます。

この「音楽祭」は、芸術活動を通して、人としての心を成長させ、真に豊かな社会を築いていきたいとの思いから行っており、毎年、大好評をいただいております。

私は、この活動を続けるなかで、貴会に育《はぐく》まれてきた民音の存在を知りました。そして地域の婦人部の方からいただいた、池田名誉会長の著書やグラフSGIなどを拝見して、世界中に広がる文化・芸術のネットワークに大変驚きました。

名誉会長の〝人類共通の宝である最高の音楽を民衆の手に届くものにしたい〟との思いに、賛同の意を表さずにはいられません。

その民音が昨年（平成20年）、設立45周年を迎え、100カ国・地域と文化交流を結んでこられたと伺《うかが》いました。芸術の力で平和を築きたいとの池田名誉会長の信念が、民音の世界的な発展に結実しているのだと思います。

私自身、音楽の力を実感したのは、20年ほど前の私の小さなコンサートでの体験からでした。

そのコンサートの場に、車いすのご婦人がおられました。その方は、病気で余命いくばくもないなか、「死への恐怖から眠ることもできませんでした。しかし、音楽を聴き、はじめて心が安らかになりました」と喜んでくださったのです。

これからも、皆さんと共に、芸術文化のさらなる発展に寄与していきたいと念願しています。


（いとう・きょうこ）

各国の指導者と対話し推進してきた学会の平和運動が今や世界の潮流になった

安藤　昭三（大分商工会議所最高顧問）

私は平成9年から11年間、大分商工会議所の会頭を務めました。

この間、ＩＴ（情報技術）の普及や金融のグローバル化が急速に進み、これまでの経験や常識を一変させる出来事が数多く起こりました。

そんな時代の変化に対応し、大分の経済が発展を続けられるよう、力《ちから》の限り尽くしてきました。

そうした商工会議所の活動に取り組むなかで、貴会の会員と出会いました。私が小学生のころ、戸田第2代会長の著作である『推理式指導算術』で学んだこともあり、非常に親近感がわきました。

同時に、学会が世界に広げる平和運動に関心を持つようになりました。かつて、日本銀行の広島支店長をしていたことがあり、核兵器廃絶の重要さを痛感していたからです。

特に、3年前（平成18年）、大分市で開催された「21世紀　希望の人権展」に参加した際は、大きな衝撃を受けました。

戸田会長が〝悲惨の二字をなくしたい〟と願い、今から半世紀以上も前に「原水爆禁止宣言」を発表。未来を担《にな》う青年たちに核廃絶の使命を託されていた事実に、深く共感しました。

池田名誉会長が、その戸田会長の遺訓を受け継いで、各国の指導者と対話し、平和の思想を広げている行動に、心からの賛辞を送ります。

先日、核廃絶を訴えたオバマ米大統領のノーベル平和賞の受賞が決定。これも、池田名誉会長を先頭に推進してきた学会の平和運動が、今や世界の潮流になった証《あか》しだと思います。

世界を平和へと導く学会の運動に、心から期待しています。

（あんどう・しょうぞう）

名誉会長の励ましは世界中の女性に勇気と希望を贈る最高の指針

梅野　朋子（別府市観光協会会長）

私たちは、これまでの伝統を大事にしながら、国際観光都市としての新しい別府を築くため、さまざまな挑戦を続けています。今年（平成22年）7月には、中国で開催中の上海万博に出向き、〝日本一〟の別府温泉をアピールするイベントを行う予定です。

このような取り組みを続けるなかで、重要だと感じていることが、女性の力《ちから》です。昔から別府では、旅館の女将《おかみ》をはじめ多くの女性が町の発展を支えてきました。別府の未来を展望するとき、やはり「優しさ」と「しんの強さ」を備えた女性の力が大切だと思います。

その点、貴会の女性一人一人が、地域や

社会に貢献する姿は、非常にうらやましく、大いに励まされます。

約20年ほど前から、身近な婦人部員らの熱心な誘いで、展示会や「平和の文化フォーラム」など、貴会の集いに出席するようになりました。

毎回、感動することばかりですが、特に婦人部の皆さんの体験談には、心を揺さぶられます。お一人お一人が自身の悩みや苦労を乗り越え、他人の幸福と世界の平和のために尽《つ》くす喜びを語る姿に、いつも感激の涙を流しております。

その生き方の原動力が、〝婦人は輝く太陽〟と女性を尊敬し、信頼される池田名誉会長の激励にあることは言うまでもありません。池田名誉会長の励ましは、世界中の女性に勇気と希望を贈る最高の指針です。

社会を明るく照らす創価の女性の活躍に心から期待を寄せています。これからも手を携《たずさ》え、地域の振興に尽力していきたいと念願しています。


（うめの・ともこ）

宮崎

MIYAZAKI

対談やスピーチはよりよい社会を築く示唆《しさ》に富んでいます

久田　ヤヨイ
（宮崎県地域婦人連絡協議会顧問）

私は、地域婦人会の活動を通して、女性や未来に生きる子どもたちの幸せ、そして、よりよい社会の建設を願い、行動しています。

活動は幅広い分野にわたり、特に、環境問題と平和の尊さを訴え続け、懇談会や講演会を実施していくなかで、母たちの戦争体験集を出版するなど、平和を願う母の連帯も広げてまいりました。

そんな活動のなかで、学会の方々と出会い、平和・文化・教育を推進するさまざまな展示やイベントなどに参加。どれも内容が素晴らしく、思想や信念の違いを超えて、共感の思いを強く抱いております。

特に「宮崎青年部1万人新世紀合唱祭」(平成9年)は印象が強く、若人《わこうど》の歌声や演技に心から感動し、これだけの若人がいれば、安心して未来を託せると思わずにはいられませんでした。

私が出会う学会婦人部の方の多くは、ちょっとした日常会話でも「なるほど」と感心する意見や考えが明快で、平和を願う強い信念が感じられてなりません。

昨今、信じられないような事件や事故の報道が相次ぎ、〝人間を大切にする〟精神が薄れてきていることに危惧《きぐ》を抱いているだけに、人間主義や生命尊厳の思想にあふれる学会の皆さまとの語らいは、本当に楽しみでなりません。

聖教新聞を読むと〝希望〟と〝安心〟が広がり、池田名誉会長の対談やスピーチは、よりよい社会を築く示唆に富んでいます。「わが友に贈る」や「名字の言」は欠かさず読み、私の日々の活動にも活用させていただいています。

人間は、家族や地域、社会のなかで声を掛け合うことが大切だと思っています。そうした意味で、学会の皆さまが繰り広げている人間主義の運動は、ますます重要だと思っています。

(ひさだ・やよい)

聖教新聞を通して、社会や地域世界をよくしていこうとの強い意志が伝わってきます

野崎　實也
（宮崎産業経営大学経済学部教授）

私が学会を知ったのは四十数年前。当時は、単に一つの宗教という印象しかありませんでした。

しかし、現在では宗教活動にとどまらず、平和や文化、教育など幅広い分野で社会に開かれた活動を展開されており、学会への認識を改めています。

また、会員の方々と出会っても、言葉の端々や振る舞いから常に高い問題意識をもって行動しておられることが感じられ、貴会の理念や主張に共感することも多くなりました。

そのような言動はどこから生まれてきたか。その理由の一つに「聖教新聞」の存在

が大きい、と私は感じています。

日々の紙面では、池田名誉会長の行動や言葉を通して、実践の哲学を学ぶことができます。一信仰者としての幸福を訴え主張するだけでなく、社会や地域、世界をよりよくしていこう、との強い意志が伝わってきます。

私も購読しておりますが、特に「名字の言」の他紙に劣らぬ論調に感心することも多く、毎回楽しみに読んでいます。

学会のイベントや展示会にも時折参加させていただいておりますが、私が一番印象に残っているのは、平成11年、宮崎で開催された第2回「農村ワールド会議」です。ブラジル、ドイツ、韓国など海外8カ国の代表と日本の参加者が一体となって交歓《こうかん》し合う雰囲気には感動しました。

真の世界平和は、民間の文化交流を基《もと》に、互いの理解と尊敬を深め合う心と心の交流なくして実現できるものではありません。

その意味で、186カ国・地域[*7]に広がるSGIの存在と役割は大きい。世界各国の人々と人間交流、精神交流の輪をいっそう広げていってほしい、と期待してやみません。

（のざき・じつや）

一人一人の幸福のために全魂を注ぐ行動は私の人生や仕事の指針

伊野　啓三郎
（㈱文宣代表取締役社長）

学会の平和や文化、教育を推進する展示会やイベントには、毎回楽しみに参加していますが、学会の世界的な発展は、目を見張るものがあります。

特に、池田名誉会長が、文化やイデオロギー、宗教の差異をも超越し、海外の要人や識者と友誼《ゆうぎ》あふれる対話を続けておられることに、驚きと感動を覚えずにはいられません。

私は、常々、会員の方々と接した際、どんな分野でも話が通じ、よく勉強しておられるな、と感心させられます。それも名誉会長の行動や対話、スピーチなどを通して、人間主義の哲学を日常的に学んでおられるからなのでしょう。

私も、16年前から聖教新聞を愛読し、多くのことを学ばせていただいています。なかでも、小説『新・人間革命』の連載が楽しみで、毎日欠かさずに読んでいます。

歴代会長が民衆の幸福、社会の発展、世界の平和を目指し、いかに一人を大切にしてきたか。困っている人、苦しんでいる人、悩んでいる人をどれほど励ましてきたか。

日本国内でも、海外においても、学会が何事にも動じず飛躍してきた理由が、ここにあります。

私は総合広告代理店の代表取締役を務めています。経営者として、一人一人の幸福のために、全魂を注ぐ名誉会長の姿が、私の人生や仕事の指針となっています。

誰もが「平和の21世紀」を願いながら、同時多発テロやイラク戦争などで、殺伐《さつばつ》とした世紀となってしまっているだけに、今の学会の前進に大きな希望を感じます。

学会の皆さまが、地域で平和の推進力となり、文化の担《にな》い手となって、豊かな社会をリードしてほしい、と期待しています。

（いの・けいざぶろう）

真に世界平和を願い哲学者として行動する稀有《けう》なリーダー

王　智新
（宮崎公立大学教授）

私が来日したのは１９８５年（昭和60年）。千葉大学、東京大学などで教育学を専攻し、現在は宮崎公立大学人文学部で、主に近代中日教育の比較をテーマに研究を進めています。教員となって満10年になります。

教育は人類の生存に不可欠であり、特に歴史教育は国の未来を方向づけるものとなります。中国の古典に「以史為鑑、面向未来（歴史に鑑《かんが》み、未来に向かう）」という言葉があります。中日友好、そして真の世界平和実現のためにも、次代を担《にな》う青少年に、歴史の事実を正確に伝えていくことは、大人世代の責務であると思います。

中日の関係は、経済的な交流は発展を続

けていますが、政治的には、報道でも知られる通り十分であるとは言えず、むしろ逆行の懸念《けねん》さえ感じられます。そんな現状のなか、学会が築いてきた文化的、平和的な友好交流の歴史は重く、とりわけ、池田SGI会長の実績を忘れてはなりません。

私が学会を知ったのは、上海外国語大学日本語科に学ぶ学生の時。当時は中日両国が敵視さえしていた状況のなかで、劇的な国交正常化の樹立。そして池田SGI会長が、人間主義の民間外交を推進された事実は、中国でもよく知られています。

今年（平成16年）2月、「世界の絵本展」を観賞した折に、会場で、日ごろから留学生のホームステイや国際交流などでお世話になっている方々と偶然に出会いました。その方々が学会員だと知り、〝人間教育〟の精神が一人一人に脈打っている姿に、学会への認識を深めずにはいられませんでした。

池田SGI会長の著作は英語はもとより、中国語でも多く翻訳されています。池田SGI会長は、真に世界平和を願う哲学者として、行動し続ける稀有なリーダーとして、世界中の人々にますます知れわたっていくことは間違いないでしょう。

（おう・ちしん）

世界中から称賛されている驚異的な活躍に敬服

大野　和男

（潤和リハビリテーション振興財団理事長）

今、国民全体に「健康」への関心が高まっています。国による医療制度の改革も進められ、医学や医療の質が、いっそう問われる時代になりました。私ども「潤《じゅん》和《わ》会記念病院」では、宮崎県に設立（昭和26年）当初から、リハビリテーションを基礎として、質の高い医療を継続的に提供できる病院を目指し、日々努力を重ねてきました。

「人間愛」を理念に掲げ、「患者の皆さまにとって満足のいく医療とは何か」を自《みずか》らに問い続けています。最高の技術や設備を整えていくことに努めるとともに、患者の皆さまへの思いやりに満ちた誠意や「心」と「心」の触れ合いを重視しています。

医療の現場に携《たずさ》わるほどに、「優しさ」や「いたわり」「癒《いや》し」といった精神が身体に及ぼす影響を痛感せずにはいられません。「心」をより大切にしていきたいと思っています。

だから私は、人間が人間らしくあるために、「心」の問題を掘り下げた宗教は、絶対に必要なものだと思っています。その観点から、私は今の創価学会の進展に注目し、大きな期待を持って見つめているのです。

私が、創価学会のイベント等に参加するようになったのは5年前から。平和、文化、教育をテーマに、真剣に取り組んでおられる姿に共感を覚えるようになりました。

会員の方々と接するようになって、折に触れて、池田名誉会長が世界中から称賛されていることを知り、驚異的な活躍に敬服の念を抱かずにはいられません。

そんな名誉会長を中心に〝一人〟を育《はぐく》み、人間性を開花させていくところに、学会の素晴らしさがあると思います。

社会の制度や技術の発展だけで、人間の幸福が勝ち取れるものではありません。人の「心」と「心」を結び付けていくうえで、学会の役割は大変に大きいと思います。

（おおの・かずお）

学会による〝民衆発〟の平和・文化・教育への貢献度は多大なものがあります

前田　暢俊

（株）前田設計代表取締役

建築は、その時代の哲学・思想を反映するものであり、芸術や文化を象徴するものです。建築家として、倫理や哲学などの使命感や信念に基《もと》づいて、社会に貢献することが大事であろうと考えています。

私が初めて学会を知ったのも、建築を通してでした。それは、1972年（昭和47年）に建立された正本堂です。

建築専門誌などに掲載され、巨大な構造に支えられたつり屋根のデザインに、驚《きょう》がくしたことを覚えています。

富士山を背景に、自然と融合する荘厳な建築様式は、宇宙における一個の生命体の表現であり、確かな哲学に基づいた精神文化の象徴である、と感じました。

池田名誉会長が先頭に立ち、大民衆運動として学会が、この歴史的建造物を建立・寄進されたことは、近代建築史において深い意義があると思います。

しかし、この世界に誇る正本堂が、本当の文化を理解できない狭小《きょうしょう》な人間の手によって、地上から消え去ってしまったことは、痛恨《つうこん》の極《きわ》みです。

20世紀の代表作として後世に残すべき大偉業に対する〝建設者〟と〝破壊者〟。建築文化への尊重と軽視は、そのまま生命自体に対する両者の姿勢にも通じると考えます。

これまで20年以上、学会の皆さんと交流を重ねておりますが、民音公演や各種展示会など、学会による〝民衆発〟の平和・文化・教育への貢献度は、多大なものがあります。

特に、今年（平成18年）7月に宮崎市で開催された「『21世紀への対話』――トインビー・池田大作展」は、情報が氾濫《はんらん》し、混迷する社会にあって、「対話」の重要性をあらためて認識させられる素晴らしい内容でした。今後も、学会の文化運動の発展に期待します。

（まえだ・のぶとし）

互いの差異を超えて真心の励ましを贈る学会は現代の「幸福の安全地帯」

森本　雍子（エッセイスト）

私が初めて創価学会を知ったのは、15年ほど前。民音の公演を通してでした。

本物の芸術とは、決して大上段に構《かま》えるのではなく、より多くの人に身近に感じられるものではないでしょうか。その点から、世界の第一級のアーティストを招聘《しょうへい》し、多様な芸術を日本中に紹介しておられることは、大変に意義深いことです。

昨年（平成18年）12月3日付の聖教新聞に掲載された「池田名誉会長の世界との語らい」〈第14回　タンゴの帝王　マリアーノ・モーレス氏〉の記事を読み、心を打たれました。

民音公演の期間中に、最愛のご子息を失ったモーレス氏。失意から立ち上がり公演を最後まで続けた同氏に対し、名誉会長が贈られた「『常楽我浄《じょうらくがじょう》の旅』を共々に前進できる」との励ましの言葉に、涙しました。民音の世界的な交流の陰に、こうした心と心の交流のドラマがあったことを知り、深い感動を覚えます。

私は現在、生活や文化、経済に光を当てて「人が心豊かに暮らせる社会」を目指して、主に宮崎県を中心に、執筆やボランティア活動を展開しています。

そうした活動のなかで接する学会の方は、とても魅力的で、確かな信仰から発する「包容力」を感じます。

先日、名誉会長の「学会は、究極の『幸福の安全地帯』」との言葉を伺《うかが》いました。〝隣は何をする人ぞ〟と言われるほど、人間関係の希薄化が危惧《きぐ》される昨今。社会的立場や生活環境など、互いの差異を超えて、真心の励ましを贈る学会は、現代の「幸福の安全地帯」である、と共感を覚えます。

共通の目的に向かって、皆で励まし合い、支え合いながら行動する学会の姿は、「人が心豊かに暮らせる社会」の〝先駆的モデル〟とも言えるのではないでしょうか。

（もりもと・ようこ）

平和のために行動する人物は世界で名誉会長が随一

黒木　国昭（ガラス工芸作家）

「ガラス」という西洋的な素材を使って、陶器など「土」の文化ともいえる日本の美意識・装飾美をどう表現していくか。いわゆる「東洋と西洋の融合」をテーマとして、創作活動を続けています。常に実感するのは、文化の差異を乗り越える難しさです。

その観点から、あらゆる文化や民族、そして宗教の違いを超越して、地球規模でご活躍を続けておられる池田名誉会長に、敬服の念を抱いています。

私が、創価学会に関心を寄せるようになったのは、約20年前のことです。

中国・故宮博物院に、光栄にも私の作品が収蔵されることになりました。同博物院

を訪れた際、日本の東京富士美術館との交流を知り、創立者である名誉会長の存在を知ったのです。

帰国後すぐに、宮崎の学会の皆さんと交流を図り、展示会やイベントなどにも積極的に参加しています。

学会への理解が深まるたび、卓越《たくえつ》したリーダーシップを発揮し、平和のために行動する人物は、世界で池田名誉会長が随一である、との念を強くします。

また、名誉会長の偉大な功績に触れるたびに、私の心には「では、自分はどうなのか？」との問いが、常に起こります。それが、日本と世界の文化交流の一端を担《にな》いゆこう、との創作意欲の源《みなもと》となっています。

平成9年に名誉会長への尊敬の念を込めて、お誕生日のお祝いをさせていただいて以来、私の作品展が各地で行われるたびに、丁重なご伝言をいただいております。世界的に活躍されながらも、会員ではない私のような一個人にまで心を配られることは、驚嘆《きょうたん》に値《あたい》します。

学会がここまで大きく発展した一因には、こうした名誉会長の人間としての〝一対一〟の交流、こまやかな心遣いがあるのではないでしょうか。

（くろき・くにあき）

創大・短大の隅々に創立者の教育理念が脈打っている

田野　光彦
（南九州短期大学学長）

南九州短期大学は、１９６５年（昭和40年）に設立され、地域社会に貢献する人材の育成を目指しています。私自身、週２回の講義を担当し、社会に有為《ゆうい》な人材の輩出に心を砕《くだ》いています。

以前、知人から創価大学の話を聞いていた私は、大学経営や教育の在り方を伺《うかが》おうと、平成17年に創価大学を訪れ、翌年は創価女子短期大学を訪問する機会がありました。

その際に伺った大学設立の経緯《けいい》は、大変に興味深いものでした。

経営的には、通常は最初に短大を設立。軌道に乗ると、４年制大学へと移行していくものです。ともすると短大は、大学経営の〝一里塚〟のような存在になりがちです。

しかし、池田名誉会長は、その逆で、創価大学を創立された後に、女子短大を設立。ご自身の私財を投じられている事実に、教育に懸ける熱い思いを感じました。

大学の顔である正門の横に立つ、短大校舎を見るだけでも、その大情熱がうかがわれます。

また、出会った学生の皆さんや、教職員の方々の姿を通して創大・短大の隅々に、池田名誉会長の教育理念が脈打っている、と感銘しました。

一昨年（平成18年）7月には、宮崎市で開催された「『21世紀への対話』――トインビー・池田大作展」を観賞。お二人の対話を通して、「教育こそ、明るい未来を開くカギである」と、再認識しました。

教育だけでなく、民音などの文化活動、世界平和への対話運動など、名誉会長の多岐にわたるご事績に敬意を表するとともに、創大・短大の発展を心から願っています。

（たの・みつひこ）

学会青年のすがすがしい団結の姿にこそモデルが

渡邊　綱纜
㈶宮崎県芸術文化協会会長

私は、文化の薫《かお》りが湧《わ》き立ち、感性と創造の力《ちから》がはじける宮崎県を目指して、芸術文化の振興に力を尽くしています。

現代社会は、科学技術が加速度的に発達し、便利で豊かな時代になりました。反面、人々の欲求は高まるばかりで、必ずしも人間の幸福に直結していないことは、周知の事実です。

その意味で、私は今再び、人間性の回復を促《うなが》す芸術文化に注目してほしい、と願っています。「物の豊かさ」を追求した20世紀から、「心の豊かさ」を求める21世紀へと、歩み出す必要があると考えます。

先日、池田名誉会長が発表された第34回

「SGIの日」記念提言（平成21年）に、感銘を受けました。

軍事的、政治的、経済的な競争から「人道的競争」への転換が肝要である、との主張。その実現のためには、一人一人の感受性や道徳性といった、内面的な心の改革が必要、との指摘に共感せずにはいられません。

1985年（昭和60年）に行われた「第1回宮崎青年平和文化祭」で拝見した、青年たちのすがすがしい団結の姿こそ、そのモデルです。

以来20年以上、聖教新聞に何かと教えられ、「世界のおもちゃと教育展」（平成2年）などにも積極的に出席。そこには常に、青年たちの活躍する姿がありました。

その先頭に立ち、世界規模で交流を広げる池田名誉会長こそ、青年たちの夢と希望です。

私も、その「青年の心」で、詩情豊かな宮崎の芸術文化の振興へ、挑戦を続けていこうと思います。

（わたなべ・つなとも）

世界を〝平和の心〟で結ぶ名誉会長こそ民間外交の第一人者

佐々木　宗慶
（茶道裏千家教授）

茶道の道を歩んで半世紀。茶の基本精神とされる「和敬清寂《わけいせいじゃく》」の心を、次代を担《にな》う青年に伝えたいと、茶道教室の開催や、小・中学校での体験教室などを行っています。

「一碗《わん》の茶から平和を」との思いを胸に、アメリカ、ドイツ、そしてアジア各国に行き、茶道文化の普及と発展に取り組んでいます。

お茶を飲む風習は、約１３００年ほど前の奈良時代、中国へ修行に出ていた僧侶や遣唐使などによって、日本に伝えられたといわれています。

そういった点から見ても、仏教と茶道は、

深いかかわりがあるといえるでしょう。

私も長年、貴会の会員の皆さんと幾重《いくえ》にも交流を重ね、聖教新聞も購読させていただいています。

会員お一人お一人の誠実な振る舞いや、紙面に掲載されている皆さんのすがすがしい笑顔を見るたびに、学会の素晴らしさを感じています。

特に、日々の紙面に掲載されている通り、その先頭に立ち、世界を〝平和の心〟で結ぶ池田名誉会長こそ民間外交の第一人者である、と確信します。

また、名誉会長のスピーチや随筆は、豊かな人生を送るための示唆《しさ》に富んでおり、いつも愛読しています。ソクラテスやトルストイの箴言《しんげん》など、心に残った言葉はメモに取り、周囲の人にも紹介させていただいています。

私も、「他者のために尽くしてこそ、真に充実した人間の魂が光る」との心で、茶道を通して世界平和の懸《か》け橋に、と心掛けています。


（ささき・そうけい）

〝心が変われば自分が変わり社会が変わる〟との理念に共感

原田　解
（宮崎県民俗学会会長）

地元ラジオ局で、民謡や民俗芸能をテーマにした番組のパーソナリティーを務めていました。その際、日向《ひゅうが》民謡を代表する「ひえつき節」に魅《み》せられ、以来、九州各地に残る民俗芸能の調査発掘に携《たずさ》わっています。

民謡は、それぞれの土地柄や歴史、習俗に根差し、人々によって歌い継がれてきました。そこに住む人々の喜怒哀楽《きどあいらく》など、時代や暮らしの在り方と、密接なかかわりを持っています。

しかし、過疎《かそ》化や高齢化が進む現在、文化を守り育てる「地域力」が衰退し、日本固有の郷土芸能は、崩壊《ほうかい》の危機に直面しています。また自然への畏《おそ》れや感謝、そして祈りといった、根源的な人間の働きを軽んじる風潮は、心にとって〝公害〟である、と言えます。

そういった点から、貴会の座談会などの取り組みは、「地域力」を守り育てる点で、重要であると感じます。

1985年（昭和60年）に行われた「第1回宮崎青年平和文化祭」で拝見した、青年たちの大情熱に圧倒されました。

また県の交流団の一員としてブラジルを訪問した時、現地で接したSGIメンバーの生き生きとした姿に感動。そんな出会いから、貴会の〝心が変われば自分が変わり、社会が変わる〟との理念に、共感の念を抱くようになったのです。

そうした「心の変革」の連帯を、先頭に立ち世界に広げる池田名誉会長に敬服せずにはいられません。私も、民俗文化の発展を願う一人として「心の変革」の連帯を、広げていきたいと思います。

（はらだ・さとる）

鹿児島

KAGOSHIMA

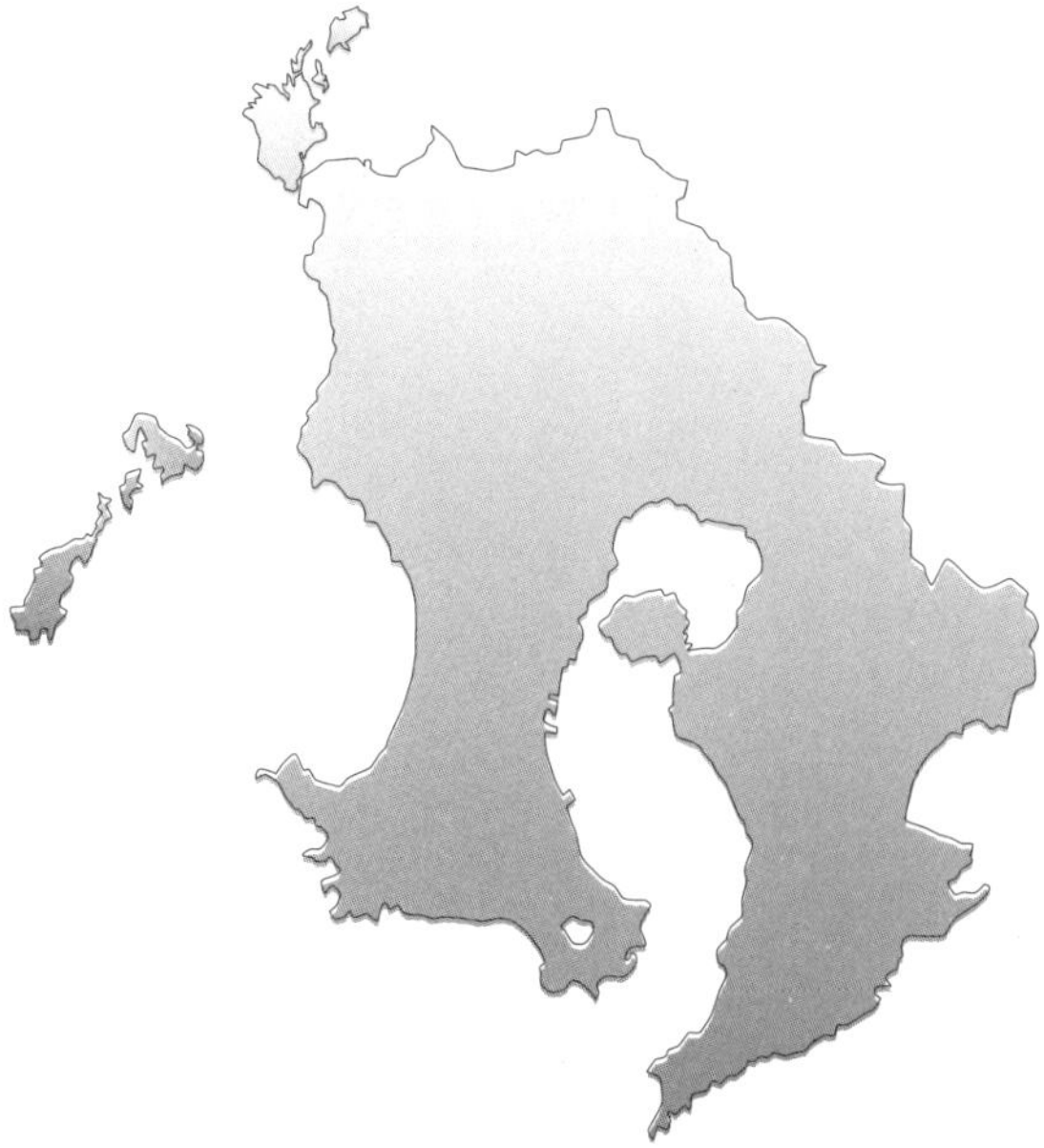

池田名誉会長を尊敬しているからこそ、私は学会との信義を永遠に守りたい

有村　勉
（大島運輸㈱代表取締役社長）

1963年（昭和38年）6月、鹿児島空港から池田名誉会長（当時、会長）と共に徳之島へ渡りました。わが社が会長一行の輸送を任されていたのです。奄美大島へ往復した「あけぼの丸」にも同乗。会員を励ます名誉会長の激闘を目《ま》の当たりにしました。

その後も身近に出会う機会があり、ある時は、ご自身の手帳を見せていただきました。学会発展のためのメモが細かく克明《こくめい》に記入されており、会員に尽くし抜かれている名誉会長の姿に驚嘆《きょうたん》しました。

長年、登山会参加者を輸送する登山船を、わが社が担当しました。学会の宗門への赤《せき》誠《せい》は、よく知っています。宗門は、その大

恩に報いるどころか、正本堂を解体し、桜の木々を伐採《ばっさい》等々。私どもも桜の苗木を届けていたのですが、切られたのでしょう。

私は、登山会に関する陳情書《ちんじょう》を持参し、大石寺に行ったこともあります。しかし、冷酷《れいこく》にも門前払い。宗教者の行為とは思えず、あの時の怒りは忘れられません。

今年（平成15年）は、名誉会長の奄美訪問から40年。奄美の方々が「あけぼの丸」の模型をお届けしたいとのことで、写真などを提供しました。

後日、名誉会長が「懐かしき／奄美の指導者／君たちが／あけぼの丸の／思い出嬉《うれ》しき」と和歌を詠《よ》まれたことを伺《うかが》いました。会員を思う名誉会長の「心」に、深く感動しています。

誰もが「平和」を叫びます。しかし、名誉会長は「平和」を語り訴えるだけでなく、平和のための具体的行動は地球的規模に及び、他者とは一線を画しています。それは、人間への慈愛の次元が違うからではないでしょうか。

そういう名誉会長を尊敬しているからこそ、私は学会との信義を永遠に守りたいと考えているのです。

（ありむら・つとむ）

哲学の不在の時代だからこそ仏法の理念に基づく創価の思想が必要

鈴木　了五
（鹿児島新報社代表取締役社長）

1975年（昭和50年）に、わが社で聖教新聞の印刷が開始されて以来、創価学会の方々との深い交流が続いています。

近年では、池田SGI会長が100の名誉学術称号[*5]を受章された時の特集（平成13年）や、アメリカ創価大学開学を紹介した両面見開きの特集（同年）、東京富士美術館企画の「近代絵画の巨匠たち展」の紙面（平成14年）を制作してきました。

文化・教育への貢献を、正しい情報として一般にお伝えすることは、マスコミの使命だと強く思います。

今年（平成16年）は、SGI会長の写真紀行「地球は美しい」の掲載を毎月1回の予定で、2月から始め、3月5日には2回目の「雲上の富士」を紙面化しました。

SGI会長の写真からにじみ出る美しさ、そして何よりも人間の優しさは、以前いただいた写真集を拝見して、感じていたことです。

戦後半世紀以上がたち、混迷を極める日本社会。経済復興優先で歩んできた私たちの国は、人間にとって一番大切な文化・思想・哲学を見落としてきました。この約60年間に被《こうむ》った損失が、現在にさまざまな形で噴《ふ》き出し、システムの改革だけでは済まない混沌《こんとん》を招いています。

「雲上の富士」に「敗戦の時、日本は『生まれ変わる』ことを誓った。（中略）。あれから、五十九年。日本は本当に生まれ変わったのか」と。

哲学の不在の時代だからこそ、仏法の理念に基づくSGI会長の思想が必要なのではないでしょうか。

大げさな言い方かもしれませんが、今の日本には文化復興の「ルネサンス」の到来が必要だと感じています。その意味で、仏法を基調とした創価学会の人間文化の開花に、私は注目しているのです。

（すずき・りょうご）

新たな価値を創られている識見と行動に心から敬意

二見　剛史（志學館大学教授　鹿児島県文化協会会長）

私は現在、志學館大学の生涯学習センター長を務めています（平成16年）。地域のさまざまな学習ニーズにこたえるために、社会人の入学や聴講生の受け入れ、出前講座などを推進し、地域とともによりよい文化環境を創《つく》ろうと、日々奮闘しております。

混迷を深める現代社会。国際社会も非常に危機的な状況です。今こそ「教育」と「思想・哲学」が必要とされている時ではないかと感じています。

私は会員ではなく浄土真宗の門徒ですが、これまで、貴学会主催の展示会などに、たびたびご案内をいただきました。いずれも示唆《しさ》に富む企画で楽しみにしています。また、先般、池田名誉会長からいただいた写真集に感動しています。

　私自身、比較教育学を専門としてきましたので、牧口初代会長の「子どもの幸福」を目的とする教育理念にも強く賛同しています。私が学会を評価している一点であります。

　これまでの教育は、知識を詰め込み、学業成績だけで判断するというものでした。本来、教育とは「良いものを引き出し、伸ばしていく作業」です。創価教育にはそれがあるのではないかと思います。名誉会長が創立された創価大学等の教育内容に、学ぶべきことは多いと考えています。

　以前、名誉会長と核時代平和財団所長・デイビッド・クリーガー氏との対談集『希望の選択』の書評を書かせていただきました。内容のほとんどに共感でき、今こそ、平和教育の推進を図る希望の力《ちから》、世界を変革する力を発揮しなければならない、と痛感。その知恵が満載されていました。

　〝対話〟と〝文化〟の力で世界の人々と交流し、平和の懸《か》け橋、新たな価値を創られている名誉会長の識見と行動に心から敬意を表します。

（ふたみ・たけし）

会員の方々の振る舞い
聖教新聞を通し
学会に深い共感

元野　濱子
（奄美群島民生委員
児童委員協議会会長）

私は、１９８３年（昭和58年）12月から民生委員・児童委員を務めてきました。当時は、生活保護や母子家庭の方々の相談をお受けするのが主でしたが、現在は、あらゆる人々の生活全般にわたる問題に携《たずさ》わり、行政や関係機関とのパイプ役を担《にな》う毎日です。

私が学会に共感している理由の一つは、会員の方々の〝一人〟のためへの真剣な行動に起因しています。病と知れば真摯《しんし》に励まし、また、皆で祈り合う。実に自然な形でなされていて、麗《うるわ》しい優しさの世界です。

それを可能にしているのは、信仰によって献身的な心が育《はぐく》まれているからではないでしょうか。

民生委員として活躍する貴会の数多くの方々。皆さんの行動には〝貫き通す信念〟を感じます。人々の幸福のための〝信念〟。信仰があってこそ培《つちか》われるものだと実感する昨今です。

共感の最大の理由は、池田名誉会長の傑《けっ》出《しゅつ》したリーダーシップです。貴会の展示会にも、折あるごとに参加いたしました。池田名誉会長が世界の各界の指導者との会見や対談を通して〝平和の道〟を追求される理念と行動が明確に示されていました。

その池田名誉会長の〝心〟が会員の方々に深く行き届いている。特に、はつらつとした、さわやかな青年たちの存在は、今の日本社会にあって希望の灯台である、と感銘しています。

私は、池田名誉会長の言葉から力《ちから》を得ている一人です。「勇気は逆境における光」など聖教新聞に掲載された記事や見出しを書き写して、自宅の室内に掲示しています。日々それを見て自《みずか》らの励みとしています。

かかわってきた会員の方々の振る舞いを見、池田名誉会長の文章に実際に触れて、貴会に深い共感を抱いているのです。

（もとの・はまこ）

「人間主義」を貫く言々句々が心に染み込んできます

川島　葉留美
（鹿児島県薬物乱用防止指導員連合協議会会長）

青少年のために、明るい未来を残していきたい――この一心で、覚せい剤やシンナーなどの薬物乱用防止の活動に取り組んで27年になります。

薬物は、確実に〝一人〟の人間の心身をむしばみ、人生を狂わせます。家族や周囲が悲しみ苦しむだけでなく、危険にさらされかねません。私は、〝不幸の芽〟の根絶と青少年の健全育成を目指して、これからも積極的に活動をしていきたい、と強く思っています。

そのなかで、創価学会婦人部の方々と知り合いました。貴会のイベントや展示会を観賞して、私はいつも心から感動しています。

学会には、世界の平和や子どもの幸福、地域の発展を目指す心があふれています。一人一人が何のてらいもなく、素直に誠実に取り組んでいる姿は、本当に輝いて見えるのです。

最近では、今年（平成18年）5月に鹿児島文化会館で行われた「平和の文化と女性展」に参加。男女共同参画社会の大切さが叫ばれる昨今にあって、この展示ほど真の女性の素晴らしさを教えてくれたものはない、と感銘しました。

特に、政治、経済の次元のみでなく、「人間主義」を貫かれる池田名誉会長の言々句々が心に染《し》み込んできます。大変に勇気づけられました。

名誉会長に世界中の大学等から贈られた名誉学術称号が、まもなく「200」[*5]になるという類《たぐ》いまれなる偉業こそ、世界の〝平和〟〝文化〟〝教育〟への貢献と行動が、本物である証《あか》しと言えるのではないでしょうか。

立場の違いはあっても、共に人々に勇気と幸福の連帯を広げていくために、協力し合っていきたいと願ってやみません。

（かわしま・はるみ）

名誉会長の〝非凡な行動〟と〝ハイレベルな対話〟で世界は救われた

柳　初男（税理士）

7、8年ほど前でした。私は、「人間・池田大作」を映写会で観賞して、それまで抱いていた創価学会への認識を改めました。

私が奄美市で営む税理士事務所で働く学会員の勤勉な姿を通して、学会に対する好印象は持っていたものの、あくまでも一宗教団体としての域を超えませんでした。

その従業員に誘われての観賞。上映時間はわずか60分。しかし、映像に収められた池田名誉会長の行動の軌跡《きせき》に感動し、時間がたつのも忘れるほどでした。

全人類の幸福と世界の平和を希求し、実現するために世界中を東奔西走《とうほんせいそう》してきた名誉会長。〝日本にこれほどの人物がいたのか〟と驚き、尊敬の念を深くしたのです。

圧巻だったのは、旧ソ連のコスイギン首相、そして中国の周恩来首相との会談の経緯です。当時、中国とソ連は一触即発の緊迫した状態。誰もが〝第3次世界大戦は避けられないのでは〟と、憂慮《ゆうりょ》していた時代です。

その流れを、一民間人が変えたのです。池田名誉会長の〝非凡な行動〟と〝ハイレベルな対話〟で世界は救われた、といっても過言ではありません。私は、この歴史的な事実を、もっと多くの人が知り、称賛されてしかるべきだと思います。

また、このグローバルな行動とは別に、名誉会長がアメリカに渡った多くの日本人女性を励ます姿にも、目を奪われました。言葉や生活習慣の違いに意気消沈《しょうちん》する一人一人を慈愛の心で包み、前向きに生きる力《ちから》を与えた人間味あふれる姿に魅了されたのです。

こんな光景が、全世界、日本中、そしてこの奄美の地でもあったからこそ、今の創価学会があるのだ、と痛感させられました。名誉会長こそ、世界中が求める〝平和の使者〟です。

（やなぎ・はつお）

民衆の幸福を願い行動してきた信念に敬服せずにはいられません

大園　純也
（㈱エフエム鹿児島代表取締役社長）

私は以前、南日本新聞社の社長を務めていた時代から、学会の方々と親交を重ね、共感を深めてきました。平成12年には、東京富士美術館が企画した「特別ナポレオン展」を主催。とりわけ福岡で行われた「周恩来展」（平成14年）や、昨年（平成19年）、鹿児島で開かれた「アンネ・フランクとホロコースト展」に参加し、感動しました。

学会が主催する展示は、平和・文化・教育をテーマに、どれも実に分かりやすく、説得力がある。写真や文字のパネル、映像や物品などを通して、大人から子どもまで幅広い年齢層が理解と共感を深めていけるように、企画・構成されているからでしょうか。会員の方々が、家族や友人と連れ立って、喜々として来場する姿が印象深く、学会が民衆に広げる文化活動のスケールの大きさと力強《ちから》さを思い知りました。

どうすれば世界に平和を広げていけるか。民衆に文化や教育の重要性を伝えていけるか。常に庶民の目線からの問題提起と主張は、本当に素晴らしいことだと思います。ここに民衆の幸福を願い行動してきた池田名誉会長の信念を感じ、敬服せずにはいられません。

そして、これは、私が日ごろから会員の方々と接し、聖教新聞を読んでも思うことですが、その非凡な指導力や行動力からすれば名誉会長は〝雲の上〟の存在であるはずが、会員の方々との語り合いを通して、名誉会長の実像には、人間味ある親近感さえ覚えます。紙面を開くと、日本の地方や世界のメンバーの自信に満ちた笑顔があふれています。その輝きは、名誉会長と共に行動する喜びと誇りから生まれてきているのだと痛感するのです。

学会の存在は大きく、社会をリードしていくうえでも責任は大きいと思います。今後も、民衆に根差した運動に期待しています。

（おおその・じゅんや）

女性をたたえる「母」の歌に優しい人間性があらわれている

湯丸　ミヨ
（鹿児島県地域女性団体連絡協議会会長）

私は36年前から、婦人会の活動に取り組んでいます。
その活動は、地域づくりから教育や福祉、環境、保健の分野など実に幅広く、多くの方々と協力し、行政や他の団体と連携《れんけい》しながら、地域社会の発展を目指しています。
特に近年は、高齢化や少子化に伴う社会環境の変化が加速。高齢者や子育て支援など、地域の主体性がいっそう求められているだけに、私たちの役割は、さらに高まっている、と思わずにはいられません。
そんな活動のなかで、学会の婦人部の方々との出会いが、私の励みになっています。知り合った会員の方は、何ごとにも一生懸命。地域の会合などでも、お一人お一人が、「何かを学んで帰ろう」との強い意欲が感じられます。

その元気の源《みなもと》は、もちろん個々の信仰にあるのでしょうが、池田名誉会長の存在がいかに大きいか。学会の平和・文化・教育を推進する展示やイベントに参加し、さらに聖教新聞を読んで痛切に感じることです。

名誉会長は団体の指導者であるとともに、教育者、哲学者、文学者、詩人でもあられる。そして、その指導力と行動力は卓越し、胡錦濤《こきんとう》中国国家主席との会見等に見られるように、世界中に広がっています。

先日、「中国遼寧《りょうねい》歌舞団」の民音公演(平成20年)を拝見したのですが、フィナーレで「母」の歌に感動のあまり涙しました。母を思い、女性をたたえる「母」の歌に、池田名誉会長の優しい人間性があらわれていると思います。

私も組織のリーダーを務め、組織の発展や支える人々への励ましに、日々全力で取り組んでいます。

皆さんと一緒に力《ちから》を合わせ、希望と幸福の輪が広がる「女性の世紀」を開いていきたい、と念願しています。

(ゆまる・みよ)

超人的な〝ペンの闘争〟に深い敬意を表さずにはいられません

井之上　博忠
（鹿児島県書店商業組合理事長）

私は、書店を経営して32年になります。昨年（平成19年）12月に、県内で121店が加盟する書店商業組合の理事長に就《つ》きました。この1年、地域に信頼され、愛される〝本屋さん〟を目指し、各店主と連携《れんけい》を強めてきました。

偉人の言葉に「良書は友達の中の最良の友である」とありますが、良書こそ人間の心をより豊かにし、社会を高みに発展させていく力《ちから》となる、と思っています。

しかし残念ながら、現代は、活字離れが急速に進んでいます。雑誌も休刊や廃刊が相次ぎ、出版文化、活字文化の危機に直面していると言っても過言ではありません。

そんな懸念《けねん》が強まる一方で、私は聖教新聞を長年愛読し、活字文化の復興に取り組まれておられる池田名誉会長の活動をつぶさに知り、希望の光を感じています。

今も連日、小説『新・人間革命』をはじめ、随筆や詩などが掲載され続けていますが、池田名誉会長の超人的な〝ペンの闘争〟に深い敬意を表さずにはいられません。

名誉会長が著作活動を通して、世界の平和と人類の幸せを目指す哲学を世に広めてこられた偉業に、県書店商業組合として何かお応えしたい。

その思いから、本年（平成20年）3月、理事会の総意をもって、感謝状を贈らせていただいたことを誇りに思っています。

また、日ごろから多くの会員の方々と接して、その温かい心と礼儀正しさに襟《えり》を正さずにはいられません。今後も、名誉会長のもと、地域社会に希望と勇気の輪を広げる活動を展開されていくことを期待しています。

（いのうえ・ひろただ）

人々に生きる勇気と希望を与えてきた事実をたたえずにはいられません

久保田　喬彦
（椋鳩十文学記念館元館長）

私は、新聞記者から高校の教師に転身し、退職後、父である作家・椋鳩十《むくはとじゅう》の文学記念館の館長を務め、一貫して文化・教育の分野に携《たずさ》わってきました。

文学作家として〝命の尊さ〟を見つめ、綴《つづ》ってきた父の遺志《いし》を受け継ぎ、私も平和な社会を願って活動を続けています。

そんななかで、出会ってきた学会の方々との交流ほど、心強いものはありません。その平和・文化・教育にかける信念は、昔からいささかもぶれていないからです。

もう40年以上も前の話です。私が勤務する高校の教え子に学会員がいました。彼が就職の面接を受ける際、私は〝宗教のことを聞かれても、学会員であることは言わない方がいいよ〟と言いました。当時、世間では、決して良くは言われていなかったからです。

しかし彼は〝隠すつもりはありません〟と。性格や行動もしっかりした彼の強い信念に、私は、学会が世間で言われているものとは違うのではないか、と感じたのです。

通勤電車の中で、行商を務める老婦人が、学会の本を開いて熱心に勉強していた姿。椋鳩十文学記念館で「読書運動」の研究を続ける婦人たちの喜々とした姿にも、学会の真実を見る思いでした。

近年、池田名誉会長の平和行動を紹介する催しや「アンネ・フランクとホロコースト展」（平成19年）などに参加して、その感は強くなっています。特に、池田名誉会長が、人々に生きる勇気と希望を与えてきた事実をたたえずにはいられません。

世界中に平和の連帯を広げる名誉会長の指導力や先見性を、学ぶ時が来ていると思っています。

（くぼた・たかひこ）

〝人間外交〟の精神を受け継ぐ青年の活躍に期待

大茂　健二郎
（株）マルモ会長

私は、枕崎市を拠点にかつお節の製造・卸売《おろしうり》業に携《たずさ》わって50年以上になります。

仕事の関係や地元で、学会の方々と出会って思うことは、とにかくお一人お一人が明るくて、元気がいいことです。何事にも熱心で、話しているだけでこちらも元気が出てきます。

どうして、こんなに明るく元気なのか。私は、2年前から聖教新聞を愛読するようになって、その理由の一端を知るようになりました。

紙面は無駄がなく、読みやすい。隅々に〝励まし〟や〝思いやり〟の心があふれています。まさに、人間のあるべき姿を示してくれる新聞だと思っています。

先日、池田名誉会長の会長就任50周年を記念するＤＶＤ「人間外交の輝き」を観賞しました。

元ソ連大統領のゴルバチョフ氏や、実業家の松下幸之助氏ら、世界の名だたる方々と交流を続けてこられた、名誉会長の平和外交の歴史に、心から感動しました。

一国の指導者をも全魂で励ます名誉会長の姿に、学会の皆さまお一人お一人が、元気になるのは当然だと、あらためて得心した次第です。

今の日本は、政治も経済も不安が渦巻き、社会全体に閉塞感《へいそくかん》が漂《ただよ》っています。この時代状況を打破していくためにも、学会の皆さまには、もっと一人を救う対話に頑張ってもらいたい、と願っています。

学会が元気であれば日本の未来は変わる！――私は心からそう思っています。特に、池田名誉会長の〝人間外交〟の精神を受け継ぐ、青年の活躍に期待しています。

（おおしげ・けんじろう）

名誉会長の言葉には人々を思う愛情があり励ましの心が満ちている

林 蘇喜男（奄美博物館元館長）

私は、奄美博物館の館長を足かけ6年務め、退職した現在も、奄美で生まれ育った誇り、愛する心を後世に残したいと願い、郷土の歴史や文化の研究を続けています。

昔の人々のどれほどの苦労があって、今が築き上げられてきたか。活動を進めるほどに、古人《こじん》や郷土への感謝の思いは強くなり、愛情は深くなるばかりです。

そして、技術の発達で便利になり、昔ほど助け合うことが必要なくなったことから、逆に人と人とのつながりが薄くなってきているのではないか、とも危惧《きぐ》しています。

そんななか、自治会で、学会員の方々が、積極的に地域活動に取り組んでおられることに感心し、その姿に〝未来への希望〟とも思える安心感を抱いています。

特に婦人部の方々が、近隣と触れ合い、高齢者をいたわる姿は、実に微笑《ほほえ》ましく、尊敬の念を持って見つめています。

8年前から聖教新聞を愛読していますが、紙面にも〝心を大切に〟〝人を大切に〟〝地域を大切に〟との精神が満ちあふれています。

とりわけ、スピーチや随筆などに見られる池田名誉会長の言葉には、人々を思う愛情があり、励ましの心が満ちている。

名誉会長は、民衆一人一人を主役とし、女性を最大限に尊重されています。そして、世界の各界の識者と対話を重ね、平和の連帯を築き上げた不世出のリーダーです。

私は今後も、名誉会長の精神を学び、その言葉を実践する人々と共に、より良い地域・社会を築いていきたいと思います。

（はやし・そきお）

注

＊1　表記の回数は新聞掲載当時のものです。平成23年5月27日現在で6157回となります。
＊2　同5月現在で単行本・文庫本・劇画・朗読版などを合わせると5000万部を超えています。
＊3　同5月現在で41言語1200点に及んでいます。
＊4　同5月現在で韓国からの名誉学術称号は14、名誉市民称号（郡民称を含む）は36となっています。
＊5　同5月27日現在で310。
＊6　同5月現在で700を超えている。
＊7　同5月現在で192カ国・地域に及ぶ。

私《わたし》の見《み》る 創価学会《そうかがっかい》
――ヒューマン メッセージ

2011年7月3日　初版第1刷発行

編　者　聖教新聞社九州支社
発行者　大島光明
発行所　株式会社 第三文明社
東京都新宿区新宿 1-23-5　〒160-0022
電話番号　編集代表 03-5269-7154
営業代表 03-5269-7145
振替口座　00150-3-117823
URL http://www.daisanbunmei.co.jp

印刷・製本所　大成印刷株式会社

ISBN978-4-476-06216-8